Die schönsten Dörfer Irlands

Text von Christopher Fitz-Simon
Fotos von Hugh Palmer
Aus dem Englischen von Cornelia Panzacchi

Gerstenberg Verlag

Seite 1: *Annäherung an ein Dorf: moderne Häuser im traditionellen Stil an der Straße von Rosscarbery in der Provinz Munster.*

Seite 2–3: *Das aus dem 14. Jahrhundert stammende Schloss Dunguaire Castle und das Dorf Kinvarra in der Provinz Connacht. Lady Ampthill ließ das Schloss in den 1960er Jahren restaurieren; heute wird es von Shannon Heritage hervorragend in Schuss gehalten und kann besichtigt werden.*

Gegenüberliegende Seite: *Detail aus dem Kreuz von Moone (Provinz Leinster). Die symbolische Darstellung der wunderbaren Vermehrung von Brot und Fischen hebt sich vom üblichen Naturalismus bekannter Bibelszenen ab.*

Danksagung des Autors

Der Autor möchte dem Leiter und den Bibliothekaren der National Library in Dublin danken; der Linen Hall Library in Belfast; dem North Western Library Board in Omagh; und den County- und Branch-Libraries in Adare, Bantry, Boyle, Cavan, Clones, Dalkey, Dean's Grange, Dun Laoghaire, Ennis, Enniskerry, Kilkenny, Letterkenny, Lismore, Mullingar, Sligo, Thurles und Wexford. Besondere Unterstützung erfuhr er durch Norman Black, Cecily Breen, Evelyn Coady, Malcolm Dawson, Raymond Gibson, Jarlath Glynn, John Greene, Evelyn Johns, Michael Manning, Con O' Conall, The Rev. Joseph O'Conor, Mrs. O'Reilly, Mrs. Salter-Townsend, Joy Vallely und Barbara Wallace. Er möchte außerdem dem Leiter und den Mitarbeitern des Northern Ireland Tourist Board danken und den Leitern und Mitarbeitern folgender Einrichtungen: Cork-Kerry Tourism, Ireland-West Tourism, Midlands-East Tourism, North-West Tourism, South-East Tourism und Shannon Development.

Danksagung des Fotografen

Ein Dankeschön all jenen, deren Gastfreundschaft und Hilfsbereitschaft meine Reisen in Irland zu einem wahren Vergnügen machten, und besonders John Lahiffe des Bord Failte Büros in London, dessen Name mir viele Türen öffnete.
Die Fotos in diesem Buch sind in Dankbarkeit und von ganzem Herzen meinem Freund Tom McKeown gewidmet.

Die Deutsche Bibliothek –
CIP-Einheitsaufnahme
Ein Titeldatensatz für diese Publikation ist bei Der Deutschen Bibliothek erhältlich.

Aus dem Englischen von
Cornelia Panzacchi

Die Originalausgabe erschien 2000 unter dem Titel *The Most Beautiful Villages of Ireland* bei Thames and Hudson Ltd., London.

Satz: Fotosatz Ressemann, Hochstadt
Printed in Singapore
ISBN 3-8067-2873-9

Inhalt

Einführung

Die Insel Irland erstreckt sich über eine Fläche von 84 400 km² und hat 5 275 000 Einwohner. Das Klima ist mild; „weiche" Tage – und davon gibt es viele – sind Tage ohne dauerhafte Niederschläge. Es wäre unfair, von Irland zu behaupten, dass es dort ständig regnet, denn laut Statistik scheint nur an 65 Tagen im Jahr die Sonne nicht. Ein schöner Augusttag am See Fermanagh oder am Strand von Connemara lässt keine Sehnsucht nach den Küsten Kaliforniens oder des Mittelmeeres aufkommen. In einem amerikanischen Schlager heißt es, Irland „schmiegt sich in den Ozean". Dieser Ozean ist der Nordatlantik. Und sein Golfstrom sorgt dafür, dass die Winter in Irland viel wärmer sind als in anderen Ländern auf gleicher Breite. Normalerweise schneit es nur ein paar Wochen lang im Hochland, an den Küsten kennt man keinen Schnee.

Politisch betrachtet, besteht die Insel aus dem zu Großbritannien gehörenden Nordirland und der Republik Irland. Umgangssprachlich bezeichnet man die beiden Teile der Insel einfach als „Der Norden" und „Der Süden". Donegal hingegen, die nördlichste County von allen, gehört dieser recht ungenauen Einteilung zuwiderlaufend zur Republik Irland. Es sind die kleinen Ungereimtheiten dieser Art, die zu dem beitragen, was man als den besonderen Reiz des Lebens in Irland beschreibt.

Der besondere Reiz der Insel resultiert aus der unvergleichlichen Vielfalt der Landschaften. Jede County (Grafschaft) hat ihren ganz persönlichen Charakter. So findet man in der County Offaly keinen einzigen See, im benachbarten Westmeath dagegen liegen über zwanzig. In der County Kildare erhebt sich kein einziger Hügel über 300 Meter Höhe, das angrenzende Wicklow hingegen ist durchgängig bergig. Selbst innerhalb der einzelnen Countys begegnet man extremen Kontrasten: die östliche Hälfte von Galway ist flach, grün und fruchtbar, während der Westen felsig und öde ist.

In kultureller Hinsicht muten die Unterschiede eigenartig, manchmal sogar rätselhaft an. Die Bewohner der Stadt Sligo sprechen mit völlig anderem Akzent und anderer Betonung als ihre Nachbarn im nur 64 Kilometer entfernten Enniskillen; es kommt einem vor, als wäre man in einem anderen Land – und nach Ansicht mancher Leute ist dies tatsächlich der Fall. Die Unterschiede in Sprache, Sitten, Traditionen und dem äußeren Erscheinungsbild zwischen dem östlichen und dem westlichen Cork sind so geringfügig, dass man nicht in der Lage ist, diese festzustellen, wenn man nicht sein ganzes Leben in dieser herrlichen County verbracht hat. Ähnlich subtil sind die Veränderungen in der Landschaft, die man beob-

GEGENÜBERLIEGENDE SEITE: Eingang der Ruine eines frühchristlichen Klosterhofes in Glendalough in der Provinz Leinster. Hier studierte der angelsächsische König Alfred (849–899), später als „der Große" bekannt.

Geschichtsbewusstsein: Der 6. Earl von Carbery (1763–1842) liebte es offensichtlich, sich in der Tracht seiner elisabethanischen Vorfahren zu kleiden. Die jetzt in der Kathedrale von Ross aufgestellte Statue stand früher im Eingangsbereich des Familiensitzes in Castlefreke (Provinz Munster).

achten kann, wenn man auf der Straße von Youghal im Osten der County nach Castletownbere im Westen fährt.

Die interessante charakterliche Vielfalt der Bevölkerung geht auf die Wanderungsbewegungen und das Siedlungsverhalten der Iren als Folge der politischen Verhältnisse zurück. Die Ursachen für die zahlreichen unruhigen Zeiten und Konflikte in der irischen Geschichte sieht man übereinstimmend in der Eroberung, der Kolonisierung und der Regierung durch die Briten. Dies ist bis auf den heutigen Tag auch der Kern aller Probleme in Nordirland. Die Republik Irland hat jedoch seit dem anglo-irischen Vertrag von 1921 langsam aber sicher und zuletzt triumphierend ihren Platz unter den Nationen der Welt eingenommen, wie der Aufständische Robert Emmet es 1803 prophezeite. Die internationale Medienwelt hat mit ihrer Neigung, auch komplexe Zusammenhänge auf den kleinsten und bedeutungslosesten Nenner zu bringen, den Loyalismus Nordirlands (zur britischen Krone) mit dem Protestantismus und den Republikanismus mit dem Katholizismus gleichgesetzt. Als Antwort auf diese Verallgemeinerung hatte George Bernard Shaw bereits vor hundert Jahren erklärt, dass er ein „echter, typischer Ire" sei, Produkt der „dänischen, normannischen, cromwellischen und (natürlich) schottischen Invasionen". Darüber hinaus sei er, „obwohl aufgrund der Familientradition arrogant protestantisch", ein „unverbesserlicher Republikaner und Anhänger der Home Rule". Und er fuhr fort: „Es ist wahr, dass einer meiner Großväter Mitglied der Orangemen war; allerdings war seine Schwester eine Äbtissin; und sein Onkel – und ich bin stolz darauf, es erzählen zu können – wurde als Rebell gehängt!" Die irische Seele ist bis auf den heutigen Tag durchdrungen von dieser eigentümlichen Mischung aus Ergebenheit und Rebellentum.

Dass Shaw die „Kelten" nicht in die Aufzählung seiner Ahnen aufnahm, offenbart eine für ihn untypische, aber gerechtfertigte Vorsicht, denn es ist in der Wissenschaft noch umstritten, wer die Kelten wohl gewesen sein mochten. Frühe irische Kunst wird meist großzügig als „keltisch" bezeichnet, aber die außergewöhnlichen Gräber und Steingravierungen der Nekropole im Tal des Boyne beispielsweise sind das Werk eines neolithischen Volkes, das bereits vor den keltischen Einwanderern aus Mitteleuropa auf der Insel lebte. Unsere Vorstellungen von keltischer Kunst sind vornehmlich beeinflusst von dem im 19. Jahrhundert wieder belebten Interesse an irischer Geschichte, das sich so verschiedenartigen Objekten zuwandte wie den Steinskulpturen von Newgrange und Knowth aus der Zeit um 3000 v. Chr., dem goldenen Mooghaun-Halsband von etwa 700 v. Chr., der Tara-Brosche (um 700 n. Chr.) und dem illuminierten

Ob dieser wiederkäuende Bewohner von Munster vielleicht insgeheim eine einleuchtendere Theorie zu den Ursprüngen der über ganz Irland verstreuten „stehenden Steine“ hat als all die Forscher, die schon zahllose Schriften über dieses Thema veröffentlicht haben?

Book of Kells, das ungefähr aus der gleichen Zeit stammt. Die Datierungen sind jedoch ebenso gewagt wie die Terminologie.

Die irische Landschaft ist großzügig mit Artefakten mehrerer vergangener Zivilisationen geschmückt. Schon 2000 Jahre vor Christi Geburt reckten sich Dolmen gen Himmel. Steinhügel, Ogham-Steine und die monumentalen Hochkreuze aus der Frühzeit des Christentums sind Zeugen des vielfachen kulturellen Wandels. Die über 60 Rundtürme, die – obwohl es sie auch in Schottland gibt – als so typisch gelten, dass sie neben Kleeblatt und Harfe symbolisch für Irland stehen, wurden in gleicher Bauweise allesamt zwischen dem 5. und dem 12. Jahrhundert n. Chr. errichtet. Die zahlreichen Klöster, die infolge der Säkularisierung durch Heinrich VIII. und der anschließenden Zerstörung durch Cromwell heute fast alle nur noch als Ruinen erhalten sind, legen Zeugnis von einer starken Verbindung zum europäischen Festland ab. Die palladianischen und klassizistischen Gutshäuser sind das Ergebnis weiterer, vergleichsweise später europäischer Einflüsse, die ihren Weg maßgeblich über England nach Irland fanden. Die Neugotik in Irland war andererseits fast ausschließlich von England inspiriert. Wer übrigens Beispiele aus 5000 Jahren Baukunst an einem einzigen Tag besichtigen möchte, sollte unbedingt die County Meath besuchen!

Wenngleich Irland, sowohl der Norden als auch der Süden, das Image hat, überwiegend von der Landwirtschaft zu leben, und auch wenn die Exportzahlen von Molkereierzeugnissen, Gemüse, Fleisch und Getränken tatsächlich nach wie vor steigen, stellt die industrielle Produktion – u. a. von Computern und Arzneimitteln – inzwischen den wichtigsten Wirtschaftszweig dar. Der Tourismus nimmt ebenfalls an

OBEN: *Ein herrlicher Hauseingang in Lismore (Munster). In den irischen Provinzen wirkte der georgianische Stil noch lange in die viktorianische Epoche hinein.*
GEGENÜBERLIEGENDE SEITE: *Zum traditionellen Irland gehört auch das maritime Element wie der belebte Hafen von Dunmore East (Munster).*

Bedeutung zu: 1998 überstieg die Zahl der Touristen sogar die Zahl der Einwohner – ein Glück, dass sie nicht alle gleichzeitig kamen! Im Sommer können die bekanntesten Attraktionen, wie etwa die Bibliothek des Trinity College in Dublin, die Nekropole im Tal des Boyne oder Muckross House und der Nationalpark in Killarney also ziemlich überlaufen sein. Deshalb sind der Frühling und der Herbst die angenehmste Zeit für eine Irlandreise; dann sind auch die Preise für Übernachtungen wesentlich niedriger.

Die in diesem Buch vorgestellten Dörfer wurden nicht ausgesucht, um jede einzelne County zu repräsentieren, sondern um einen Eindruck von der Vielfalt Irlands zu vermitteln. Der Begriff „Dorf" hingegen ist keine irische Erfindung. Die Iren sagen, dass sie „in die Stadt" gehen. Darunter verstehen sie allerdings nicht viel mehr als eine Kreuzung, an der vielleicht ein paar Häuser, eine Kirche und ein Pub stehen. Das irische *baile* bedeutet so viel wie „besiedeltes Land", ähnlich dem schottischen *bailiwick* oder dem englischen *bailey,* muss aber nicht unbedingt mit Wohnhäusern bebaut sein. In der irischen Sprache kommt der Begriff *sráidbaile* für „besiedeltes Land mit Straßen" dem Wort „Dorf" von seiner Bedeutung her am nächsten. Eine Stadt wird als *baile-mor* beschrieben, d.h. „großes besiedeltes Land". Die Bewohner zahlreicher in diesem Buch vorgestellter Orte wären deshalb sehr überrascht, zu erfahren, dass sie in einem „Dorf" leben.

Würde man die Dörfer allein nach ihrem Charme und ihrem reizvollen Aussehen auswählen, hätte man bald Stoff für ein mehrbändiges Werk. Ziel dieses Buches aber ist zu zeigen, wie unterschiedlich irische Dörfer sein können; die Variationsbreite reicht von verstreuten Weilern *(clocháin)* bis hin zu Siedlungen, die reformbewusste Gutsherren auf ihren Ländereien anlegen ließen. Manche Dörfer sind maßgeblich durch ihre Lage und die sich daraus ergebenden Erwerbsquellen der Bewohner geprägt: Fischerdörfer, Dörfer mit Mühlen oder Dörfer, in denen mit bestimmten Produkten wie z. B. Leinen gehandelt wurde. Es gibt Dörfer an Flüssen und an Kanälen, Dörfer, die wie mittelalterliche Marktflecken anmuten, und Dörfer, die allein aus religiösen Motiven errichtet wurden. Das traditionelle irische Dorf mit schilfgedeckten, weiß getünchten Häusern darf wohl mit Recht als das typischste gelten, doch nur wenige Dörfer dieses Typs haben bis heute überlebt. Zu den traditionellen Dörfern darf man jedoch auch jene zählen, deren Häuser aus örtlich vorkommenden Steinen gebaut wurden und mit Schieferdächern ausgestattet sind, oder jene, deren Häuser durch ihren bunten Anstrich auffallen.

D495
OSPREY II
SEREN-US

Ulster

Zur nördlichsten Provinz gehören neun Countys. Es sind, in alphabetischer Reihenfolge: Antrim, Armagh, Cavan, Donegal, Down, Fermanagh, Londonderry, Monaghan und Tyrone. Sechs von diesen Countys bilden Nordirland, während Donegal, Cavan und Monaghan zur Republik Irland gehören. In keiner anderen Provinz trifft man so zahlreiche topografische und kulturelle Kontraste an: zum Beispiel die Granitberge Donegals, das Basalthochland von Antrim, die Seen von Fermanagh und Cavan oder die Drumlins von Monaghan und Down. Schottische und englische Zuwanderungen in elisabethanischer und jakobitischer Zeit waren Ursache für Konflikte, führten andererseits aber auch zu einer sprachlichen, handwerklichen und architektonischen Vielfalt. In den Countys Nordirlands wird der Besucher ein wesentlich besseres Straßensystem vorfinden, da der Ausbau des Straßennetzes bereits in den 1950er Jahren beschlossen wurde. Dagegen sind die drei Countys an den Grenzen der Republik Irland für die schlechtesten Straßen der gesamten Insel bekannt und deshalb Gegenstand vieler Witze: Cavan etwa ist als „Schlagloch-County" berühmt. In dem Maße aber, in dem die Straßen repariert werden, findet der Witz immer weniger Lacher. Der abschreckende Begriff „Grenze" hat viele Besucher davon abgehalten, sich in diese Gegend zu wagen. Inzwischen hat die Europäische Union jedoch auch hier Schlagbäume und Zollkontrollen überflüssig werden lassen. Heute kann man von einem Staatsterritorium auf das andere wechseln, ohne es zu merken – außer vielleicht am Zustand der Straßen.

GEGENÜBERLIEGENDE SEITE: Die Mourne Mountains liegen im Südosten der Provinz Ulster. Die Berge sind ein beliebtes Ausflugsziel für Wanderer aus dem nur 48 Kilometer entfernten Belfast. Ihre natürliche Schönheit wird unauffällig, aber konsequent geschützt.

RECHTS: Die Arbeit an dem feinen Parian-Porzellan, für das Belleek weltweit berühmt ist, erfordert viel Fingerspitzengefühl.
GEGENÜBERLIEGENDE SEITE: Am 18. November 1858 legte Mrs. Bloomfield, die Gattin des Gründers und Besitzers, den Grundstein für den Firmensitz der später berühmten Belleek Pottery.

Belleek

(*Béal Leice* = Steinplattenfurt)

FERMANAGH

Der Pfarrsprengel war nie Schauplatz bemerkenswerter Ereignisse, noch hat hier irgendeine bemerkenswerte Person das Licht der Welt erblickt", schrieb ein anonymer Beamter, der 1835 die Vermessung Fermanaghs durchführte. Er hatte offensichtlich nicht die gerade erst erfolgte Geburt des bemerkenswerten John Caldwell Bloomfield zur Kenntnis genommen, Sohn eines örtlichen Gutsherren, der 23 Jahre nach der Veröffentlichung des Vermessungsberichts die Belleek Pottery im äußersten Westen der County gründete.

Bloomfield war Amateurgeologe und hatte auf seinem Land Vorkommen von Kaolin entdeckt, einem weichen, hellen Tongestein, das bei der Verwitterung feldspatreicher Gesteine wie Granit entsteht. Damit besaß er einen wichtigen Grundstoff für die Herstellung von Porzellan. Die zweite wichtige Grundbedingung, die Kraft nämlich, die Räder drehen würde, um feines Tonmehl zu gewinnen, war ebenfalls vorhanden: der Fluss Erne. Obwohl er Handwerker aus Staffordshire in England kommen ließ, um die ortsansässigen Arbeiter für die Arbeit in der Manufaktur auszubilden, ging es dem Unternehmen zunächst nicht gut. Erst als man begann, feines Porzellan herzustellen, erschloss man sich den internationalen Markt. Noch vor der Wende zum 20. Jahrhundert traf man in den eleganten Geschäften der Fifth Avenue New Yorks und der Bond Street Londons auf das reich verzierte, aber ziemlich kostspielige Belleek-Parian-Porzellan. Auch Königin Viktoria zählte zum Kundenkreis.

Für die Region, die bis dahin fast ausschließlich von der Landwirtschaft gelebt hatte, war die Porzellanmanufaktur ein Segen. Bloomfield war es auch zu verdanken, dass eine Trasse der Great Northern Railway hierher verlegt wurde; so konnte die notwendige Kohle billiger transportiert werden als über Meer und Fluss. Auch Ausflügler kamen, um derentwillen das nahe Bundoran zum Seebad wurde. Am wichtigsten war die Eisenbahn während der beiden Weltkriege, als es keine anderen Transportmöglichkeiten gab. 1957 wurde die Strecke stillgelegt. Seitdem reisen die Besucher mit Bussen an.

Die Porzellanmanufaktur, in der auch Führungen angeboten werden, ist immer noch das vornehmste Gebäude. In einem darin untergebrachten Museum sind Belleek-Stücke aus allen Epochen ausgestellt: in der Regel mit Röschen und Schnörkeln verziert, wirken sie zum Teil recht kitschig. Gleichzeitig fallen die Symbole der „keltischen Renaissance" – Harfen, Rundtürme, Sonnenräder, Irische Wolfshunde und Unmengen von Kleeblättern – sofort ins Auge. Weitere Zweige des Kunsthandwerks wie Webkunst, Strick- und Häkelkunst und viele kleine unabhängige Tonwarenmanufakturen haben sich in und rund um den Ort niedergelassen und tragen zur Belebung des lokalen Wirtschaftslebens bei.

Gegenüberliegende Seite und oben: Die alten Häuser an Belleeks Hauptstraße und in seinem Zentrum, hier vom Südufer des Flusses Erne aus gesehen, wirken geradezu anmutig – besonders wenn sie, mit grünem Blattwerk geschmückt, von der Sonne beschienen werden.

Cushendall

(*Cos Abhann Dalla* = Fuß des Dunklen Flusses)

ANTRIM

Es mutet im Rückblick schon ein wenig verwunderlich an, dass die berühmten Neun Glens von Antrim vor dem Bau der Küstenstraße in den 1830er Jahren nur vom Hochplateau im Herzen der County aus erreichbar waren. Natürlich konnte man die Dörfer in den neun Tälern auch mit dem Fischerboot ansteuern, doch es scheint, dass die wenigen Freunde malerischer Landschaften in der Regel den beschwerlichen Weg über Land vorzogen. Die Bewohner dieser Dörfer kannten die nur 20 Meilen Seeweg über den Moyle entfernt liegenden schottischen Häfen besser als die Städte im eigenen Hinterland Ballymena und Ballymoney.

Die Antrim Coast Road verbindet die Dörfer nun auf Meereshöhe. Ursprünglich ein militärisches Projekt, wurde sie aber nie für solche Zwecke genutzt. Stattdessen kamen auf diesem Weg Ausflügler aus Belfast – und beschleunigten damit wahrscheinlich den Niedergang der in den Tälern vorherrschenden irischen Sprachfärbung. Cushendall liegt am Zusammenfluss der Wasserläufe, die von Glenaan und Glenballyemon kommend einen Fluss ergeben, der Dall (dunkel) genannt wird. Und er ist in der Tat dunkler und tiefer als seine sprudelnden Quellflüsse.

Ein gewisser Francis Turnley kaufte das Dorf Newtonglens an der Wende zum 19. Jahrhundert von der Familie Richardson und gab ihm seinen alten Namen zurück. Turnley, der viel gereist war, soll den Curfew Tower nach dem Vorbild eines Turms gebaut haben, den er irgendwo in China gesehen hatte – vielleicht an der Großen Mauer. Auf den ersten Blick wirkt das Bauwerk eher wie eine eigenwillige Landschaftsdekoration, und man ist überrascht, wenn man erfährt, dass es dem Zweck diente, „Unruhe stiftende Personen“ aufzunehmen. Turnley beschäftigte einen pensionierten Soldaten namens Daniel McBride als „ein-Mann-Garnison“. Der ehrenwerte McBride war mit einer Muskete bewaffnet, einem Bajonett, einem Paar Pistolen und einem knapp vier Meter langen Spieß. Doch es erscheint zweifelhaft, ob er je Gelegenheit hatte, seine Waffen einzusetzen.

Die Hänge über Cushendall halten einige archäologische Kostbarkeiten bereit. Auf der Südseite des Glenaan befindet sich ein schöner Cromlech (Steinkreis); in dessen Nähe wiederum liegt das Grab Ossians – vermutlich handelt es sich dabei aber eher um jenen Dichter (auch als Oisín bekannt), der für seine streitlustigen Gespräche mit dem heiligen Patrick berühmt ist, und nicht um jenen Ossian, den der schottische Verseschmied James MacPherson „übersetzte“.

„Still, o Moyle, sei das Tosen deiner Wasser!“, schrieb der Dichter Tom Moore, als er die Erinnerung an die vier Kinder von Lír heraufbeschwor, die in Schwäne verwandelt und dazu verdammt worden waren, tausend Jahre lang auf dem Meer zwischen Ulster und Schottland zu schwimmen. Zahllose Märchen und Legenden spielen in der Umgebung von Cushendall.

Zwei Landstraßen, die Antrim Coast Road und die alte Straße, die von Ballymena über das Innere der Insel führt, treffen hier im Zentrum von Cushendall zusammen.

OBEN LINKS: Zu den architektonischen Kuriositäten der Gegend gehört mit Sicherheit der Curfew Tower von Francis Turnley.
OBEN RECHTS: Die katholische Kirche wurde 1836 von Pfarrer John McKenna auf einem von Turnley gestifteten Grundstück errichtet.
UNTEN: Bei einem Spaziergang entdeckt man zahlreiche reizvolle Villen.

Glaslough

(*Glas Loch* = Grauer See)

MONAGHAN

OBEN LINKS: Die von der gleichnamigen Hauptstadt der County Monaghan her kommende Straße geht in die Hauptstraße von Glaslough über.
OBEN RECHTS: An derselben Straße steht dieses Cottage mit seinem originellen Windfang. Vor fünfzig Jahren wurden viele solcher Häuser abgerissen. Die noch erhaltenen werden jetzt mit viel Liebe restauriert.

County Monaghan war nie reich an Landhäusern – genau genommen gab es nichts, woran die County reich war. Lediglich an wenigen Stellen, die gute Weiden und Anbaumöglichkeiten boten, ließen sich einige Großbauern oder, wie man sie weniger höflich zu nennen pflegte, so genannte *landgrabbers* (Landgierige) nieder. Eigenartig ist, dass die wenigen großen Gutshäuser zu Lebzeiten Königin Viktorias erbaut oder erweitert wurden, in einer Zeit der wirtschaftlichen Stagnation in Irland. Die massiven, mit Kaminen und Zinnen reich ausgestatteten Häuser von Rossmore und Dartrey stehen nicht mehr – zum Glück, wie manche meinen, weil man sich kaum zwei hässlichere Gebäude vorstellen kann. Annaghmakerrig (heute das Tyrone Guthrie Centre, ein Haus, in dem Autoren und Künstler arbeiten können) und Glaslough Castle haben überlebt.

Glaslough, auch als Castle Leslie bekannt, fällt optisch am wenigsten aus dem Rahmen und fügt sich einigermaßen harmonisch in seine Umgebung ein. John Leslie, Bischof von Clogher und so gesehen kein Bauer im herkömmlichen Sinn, kaufte das Schloss 1665. Das Haus in seiner heutigen Gestalt wurde in den 1870er Jahren von Sir John Leslie erbaut. Der angesehene Belfaster Architekt W.H. Lynn stand ihm dabei zur Seite. Lynn wurde auch beauftragt, der Kirche einen normannischen Altarraum hinzuzufügen und später den Gedenkbrunnen für Sir John zu entwerfen, der nach wie vor der Mittelpunkt des Dorfes ist und offensichtlich ein Geschenk „seiner dankbaren Pächter“ war.

Die Pächter hatten allen Grund, dankbar zu sein. Die Hungersnot von 1845 hatte die zuvor 400 Seelen zählende Bevölkerung auf 100 Überlebende dezimiert. Die Leslies bauten ein Fieberspital und gaben allen, die noch arbeiten konnten, Arbeit, indem sie eine öffentliche Wasserversorgung anlegen ließen. Für die landbesitzende Klasse eher untypisch, waren die Leslies Kunstkenner und legten eine beachtliche Sammlung von Gemälden und Skulpturen an. 1912 veröffentlichte Seymour Leslie die Denkschrift, *Glaslough in Oriel;* Oriel war das alte Königreich, dessen Territorium ungefähr mit dem der County Monaghan übereinstimmt. Vier Jahre später veröffentlichte Shane Leslie *Songs of Oriel*. Er schrieb außerdem eine Reihe sehr beliebter Geistergeschichten und mehrere Biografien, darunter eine über Kardinal Manning. Seine Tochter Anita Leslie ist die Autorin einer lesenswerten Erinnerung an den Krieg, *Train to Nowhere* (1946; Zug nach Nirgendwo), und sein Sohn, der Schriftsteller und Komponist Desmond Leslie, war der Autor von *Flying Saucers Have Landed* (1953; Fliegende Untertassen sind gelandet).

In *Glaslough in Oriel* stellte Seymour Leslie die Überlegung an, dass „ein Flugzeug bei günstigen Windverhältnissen die 544 Kilometer zwischen Glaslough und London in vier Stunden zurücklegen kann“. Heute dauert ein Flug von Belfast nach London eine Stunde, kalkuliert man zeitlich aber die Fahrt nach Glaslough, das Einchecken und die üblichen Verzögerungen ein, liegt er mit seiner Schätzung immer noch richtig.

UNTEN: Jack Heaney, hier neben dem Gedenkbrunnen für Sir John Leslie, beschäftigt sich mit der lokalen Heimatgeschichte und war 45 Jahre lang in Castle Leslie beschäftigt. Aus der runden Nische des Brunnens wurde die Büste von Sir John gestohlen; sie wird demnächst durch eine Kopie ersetzt.
GANZ UNTEN: Der Italienische Garten von Castle Leslie.
RECHTS: Die Kirche St. Salvator.

OBEN LINKS: Billardspieler können sich von der Schlacht der Zentauren *von Sir John Leslie (nach Michelangelo) inspirieren lassen.*
OBEN: Der erste Duke von Wellington, Sir Myles Ponsonby, Prudence Penelope Leslie und der berühmte Anonymus in stummer Konversation.
LINKS: Die Büste von Theodosia Leslie, die Sir Joselyn Bagot von Levens Hall in Westmoreland ehelichte, wacht nun über den Salon des Schlosses.
GEGENÜBERLIEGENDE SEITE: Castle Leslie in seiner heutigen Form stammt aus den 1870er Jahren.

LINKS: Zur Erinnerung an den Sieg Wilhelms III. über Jakob II. am 12. Juli 1690 in der Schlacht am Boyne ist die Hauptstraße von Loughgall beflaggt.
GEGENÜBERLIEGENDE SEITE: Im Zentrum des Dorfes begegnet man reizvollen Beispielen georgianischer Baukunst.

Loughgall

(*Loch gCal* = Cals See)

ARMAGH

Der Sämling der Apfelsorte Bramley ist bis heute das Symbol von Loughgall, Rich Hill, Kilmore und den anderen Dörfern des nördlichen Armagh. Auch wenn die Obstgärten inzwischen nicht mehr jene wirtschaftliche Bedeutung besitzen wie früher, prägt der Apfelanbau doch nach wie vor das Bewusstsein der Bevölkerung von Ulster. Zweimal im Jahr pilgern Städter die mit Weißdorn gesäumten Nebenstraßen entlang hierher: im Frühling, um die Apfelblüten zu bewundern und sich von ihrem betörenden Duft verzaubern zu lassen; und im Herbst, um von den Bauern Äpfel der Sorten Bramley, Cox, Pearmain, Laxton und Beauty of Bath zu kaufen oder von den Bäumen zu pflücken, oder um im hohen Gras nach Fallobst zu suchen.

Die benachbarten Güter Drumilly und Manor House – Letzteres einst Wohnsitz der Familie Cope, zu deren bekannteren Nachkommen Feldmarschall Sir Gerald Templer zählte – sind inzwischen eine Anbau- und Zuchtstation des Landwirtschaftsministeriums. Hier beschäftigt man sich mit jenen Pflanzen, die für die Region von ökonomischer Bedeutung sind: Pilze, Zierpflanzen, besondere Gemüsesorten und Obst. Manor House wird besonders liebevoll instand gehalten.

Es ist schon kurios, dass Sir Charles Coote, der vor fast 200 Jahren eine statistische Übersicht über die County Armagh verfasste, schon damals in diesem Teil des Landes eine ähnlich liebevolle Sorgfalt im Umgang mit Gebäuden und Anlagen feststellte: „Die Straßen sind ausgezeichnet, die Einfriedungen elegant, und die Ackerflächen von hier bis zum Dorf Loughgall befinden sich im bestmöglichen Zustand der Düngung. Es ist eine von Aktivität und Aufmerksamkeit getragene Gesinnung zur Verbesserung sichtbar." Für das „Herrenhaus von Drumilly" hingegen fand Sir Coote keine Worte der Bewunderung, in seinen Augen hatte es ein „ungeschicktes und altmodisches Aussehen". Die erhaltenen Fotos vermögen seine Meinung jedoch nicht zu bestätigen. Leider wurde das Gebäude in den 1960er Jahren Opfer eines Akts architektonischen Vandalismus, der für Nordirland allerdings eher ungewöhnlich ist.

Loughgall ist wegen der hier vollzogenen Gründung der Orange Society bekannt. Im September 1795 schlug eine Gruppe der protestantischen Orange Boys von einer vorteilhaften Stellung auf einer Hügelkuppe aus eine zahlenmäßig überlegene Abteilung so genannter Defenders – Mitglieder einer katholischen Organisation – und tötete mehr als dreißig von ihnen. Das als Battle of the Diamond in die Geschichte eingegangene Gefecht hatte in James Sloans Inn in Loughgall ein Nachspiel: Hier wurde ein Dokument unterzeichnet, das die Regeln eines Ordens festlegte, der das „glorreiche und unsterbliche Andenken" an den Prinzen von Oranien bewahren wollte, an Wilhelm III. also, den Sieger der Schlacht am Boyne (1690).

Moneymore

(*Muine Mór* = Großes Gebüsch)

LONDONDERRY

Als der Archäologe und Historiker John O'Donovan im Jahre 1834 in der County Londonderry im Zuge seiner Forschungen von den Einheimischen in Erfahrung bringen wollte, wer die zahlreichen Kirchen, Festungen und Steineinfriedungen gebaut hatte, deren Ruinen er überall sah, erhielt er nur unbefriedigende Antworten. „Alles", stellte er trocken fest, „war von den ‚Dänen' errichtet worden oder von ‚Finn McCool'." Letzterer ist ein Sagenheld aus vorchristlicher Zeit, von dessen Taten man sich in Ulster noch heute erzählt. Weitaus weniger fantasievoll, dafür aber wahrheitsgetreu war die Auskunft, das Dorf Moneymore sei von „Meister und Rektoren und Brüdern und Schwestern der Gilde der Bruderschaft der gebenedeiten Jungfrau Maria des Geheimnisses der Tuchhändler der Stadt London" gegründet worden.

Die Londoner Kompanie der Tuchhändler plante das Dorf in den 1730er Jahren. Klima und Boden hatten sich als besonders geeignet für den Flachsanbau erwiesen. Die Kaufleute wollten den Handel mit Leinen ausbauen, und sie hatten damit so viel Erfolg, dass die Leinenmärkte von Moneymore Ende des 18. Jahrhunderts nicht nur die größten der Provinz Ulster, sondern von ganz Irland waren.

Das heutige Moneymore ist weitgehend das Ergebnis einer im frühen 19. Jahrhundert erfolgten Sanierung, die ebenfalls von den tüchtigen Stoffhändlern durchgeführt wurde. Die Gilde war so klug, dafür einen Londoner Architekten zu engagieren, einen gewissen Jesse Gibbons. Gibbons überwachte nicht nur die gesamten Bauarbeiten, sondern entwarf auch den Gebäudekomplex, der als New Market House bekannt wurde. Durch einen hohen Bogen gelangt man in den Innenhof, in den früher die Kutschen fuhren. Man hat zwar nach Kräften versucht, die vornehme Heiterkeit dieser Fassade mit Geschäftsschildern zu verschandeln, doch Gibbons' Werk triumphiert über die Hässlichkeit moderner Reklametafeln. Die Old Schools sind heute zur gepflegten Orange Hall geworden. Schriftliche Quellen hielten fest, dass die Tuchhändler 4000 Pfund für den Bau der presbyterianischen Kirche spendeten, die in einem ähnlich diskret klassischen Stil gehalten ist. Sie bezahlten auch den Bau der Pfarrkirche der Church of Ireland und stifteten in wohltätiger Großmut 250 Pfund für die Errichtung einer katholischen Kapelle.

Das architektonische Kleinod von Moneymore ist Spring Hill, im späten 17. Jahrhundert von der aus Ayrshire stammenden Familie Conyngham erbaut. Der Ehevertrag, den er mit Anne Upton von Upton Castle in der benachbarten County Antrim geschlossen hatte, verpflichtete William Conyngham, ein „geeignetes Haus aus Kalk und Stein, zwei Stockwerke hoch", zu errichten, was William auch tat. Doch es ist weniger das „bescheidene Herrenhaus" aus jener Zeit mit seinen acht Erkern, dem Spring Hill seinen besonderen Charme verdankt. Vielmehr sind es die geschwungenen Giebel der Wirtschaftsgebäude, die den Vorhof einrahmen, und die beiden dazu passenden, 1785 erbauten Flügel des Hauses mit ihren halb oktogonalen Fassaden. Der Besitz wurde von Captain William Lenox-Conyngham dem National Trust of Northern Ireland vermacht und kann besichtigt werden.

OBEN: Der Pub Draper's Arms existiert seit den 1830er Jahren. Die Halle links im Bild wurde 1820 erbaut und diente als Schule.
GEGENÜBERLIEGENDE SEITE: Frühlingsanfang am Fuße der Sperrin Mountains.

OBEN LINKS: Spring Hill in Moneymore befindet sich inzwischen in der Obhut des National Trust for Northern Ireland.
OBEN RECHTS: Die Bibliothek von Spring Hill birgt bibliophile Schätze, unter anderem Raleighs History of the World *(1614), Hobbes'* Leviathan *(1651) und eine frühe Ausgabe von* Gerards Herbal.
LINKS: Sir Albert Conyngham von Spring Hill tat sich als Befehlshaber der Inniskilling Dragoons hervor.
GEGENÜBERLIEGENDE SEITE: Zu den auf Spring Hill sorgsam gehüteten Erinnerungsstücken zählen Silberknöpfe von Uniformen des Infanterieregiments von Ballinderry, die Sir William Conyngham verliehenen Insignien der Ritterwürde, eine Helmzierde der Connaught Rangers und eine Uhr von Daniel Quare.

Wenn Plumbridge auch abgelegen erscheint, so ist es doch der Mittelpunkt seiner eigenen kleinen Welt. Abseits ausgetretener Pfade findet man hier die schönsten Wege – wie diese hier, die von Derry nach Gortin und von Newtownstewart nach Draperstown führen.

Plumbridge

(*Droighead Lios and Caoraidheachta* = Brücke der Festung der Plünderungen)

TYRONE

Kein Wunder, dass eine in dieser einsamen und bergigen Gegend der County Tyrone gelegene Festung geplündert wurde – von wem auch immer. Aus welcher Richtung die Plünderer kamen und wann, weiß niemand mehr. Der moderne Name des Dorfes ist wesentlich prosaischer und soll angeblich darauf zurückzuführen sein, dass der Mann, der die Brücke über den Fluss Glenelly bauen sollte, keine Wasserwaage und kein Lot besaß. So spuckte er ins Wasser und „benutzte seine Spucke, um die Senkrechte zur Brücke zu bestimmen" – eine schwer nachvollziehbare Technik.

Die schöne Kirche Sacred Heart auf dem rechten Ufer wurde 1892 aus rotem Sandstein errichtet, der im Pfarrbezirk gebrochen wurde – wie vermutlich auch der Stein für die Brücke. Von außen sollen die Umrisse der Figuren auf den vier Fenstern am östlichen Ende der Kirche die vier Evangelisten verkörpern. Betritt man jedoch die Kirche und betrachtet die Silhouetten gegen das Tageslicht, entdeckt man, dass sie ganz andere Figuren verkörpern. Christus, die Jungfrau Maria, den heiligen Colm Chille (Columban) und einen Mann, der ein Heiliger aus dem Kreis um den heiligen Patrick gewesen sein soll, wahrscheinlich sein Koch. Die stattlichen Buchen, die den Kirchhof säumen, wurden gepflanzt, als die Kirche geweiht wurde. Eine Araukarie rahmt eine künstliche Grotte ein, die der heiligen Jungfrau gewidmet ist.

Alle fünf Straßen hinter der Brücke von Plumbridge führen durch die herrliche Landschaft der Sperrin Mountains. Die Meinungen über diese Region gehen auseinander. Der Autor eines 1802 erschienenen Berichts über die Vermessung der County Tyrone bemerkte: „Selten findet man fleißigere Menschen als die, die im Allgemeinen in dieser County leben. Das Fehlen von Erwerbsmöglichkeiten ist eher die Folge eines Mangels an Mitteln, diese Möglichkeiten zu schaffen, als Folge der Neigung zur Faulheit." Der Landvermesser, der dreißig Jahre später in diesem Gebiet tätig war, meinte, dass es in den Sperrins kaum Hoffnung auf Wohlstand gäbe. Das Land sei auf Grund der Emigration heruntergekommen, „wild und unkultiviert, besonders im Osten". Der zeitgenössische Historiker William O'Kane dagegen beschreibt Tyrone als „die Essenz des ländlichen Ulster, ein ruhiges Arkadien, in sicherer Entfernung von großen Ballungsgebieten, dessen Täler, Hügel und Höfe ein Gefühl von Offenheit vermitteln" – und das ist in der Tat so.

Im Umkreis weniger Kilometer findet man interessante Spuren der Vergangenheit. Wer den Aufstieg zum Kammergrab am Berghang östlich der Straße nach Dunnamanagh wagt, wird mit einem atemberaubenden Ausblick belohnt. Vor einem zweiten Grab nahe der Straße nach Draperstown, das in etwa gleich weit von Plumbridge entfernt liegt, kann man über das Tal des Glenelly hinweg in die Felsnische Barnes Gap hineinsehen. Diese Landschaft verdient, in aller Ruhe durchwandert und genossen zu werden.

Rathmelton

(*Rath Mealltáin* = Hügelfestung)

DONEGAL

Vernachlässigt ist das Wort, das einem unwillkürlich einfällt, wenn man diesen ungewöhnlichen alten Hafen an der Einmündung des Flusses Lenon ins Meer bei Lough Swilly betrachtet – aber vielleicht ist das unfair, denn die Rathmelton Heritage and Development Association hat in den letzten Jahren viel getan, um die historischen Gebäude und die Straßenführung zu retten und so die besondere Atmosphäre des Ortes zu erhalten, ohne dass die Häuser verkauft werden mussten. Wenn das Dorf während der letzten 150 Jahre vernachlässigt wurde, so hatte dies auch positive Folgen. Da das Hafenbecken nur für Segelschiffe, nicht aber für die Dampfschiffe, die den Kanal und den Atlantik überquerten, tief genug war, und da es nicht gelang, die Eisenbahn vom neureichen Letterkenny umzuleiten, fand hier in der zweiten Hälfte des 19. Jahrhunderts nur wenig oder gar keine industrielle Entwicklung statt, sodass auch kein Geld vorhanden war, um die alten Häuser abzureißen und neue zu bauen. Während einer Periode des Wohlstands im 17. und 18. Jahrhundert hingegen fiel so einiges der Zerstörung anheim: Steine aus prähistorischen Fundstätten wurden für den Bau des Kais verwendet, und man nimmt an, dass die Burg, die ursprünglich von den O'Donnells errichtet und dann in der Zeit der Ulster Plantation von den Stewarts übernommen worden war, das gleiche Schicksal erlitt. Die hübschen Lagerhäuser stammen überwiegend aus dem 18. Jahrhundert. Leinen, Bier, Häute, landwirtschaftliche Erzeugnisse und eingesalzener Fisch wurden von hier hauptsächlich in andere irische Hafenstädte ausgeführt, da der Seeweg einen schnelleren und billigeren Warentransport ermöglichte als der Landweg, aber es wurden auch große Mengen nach Übersee exportiert.

Die Auswanderung in die Vereinigten Staaten und nach Kanada über Rathmelton setzte erstaunlich früh ein; von hier aus reisten vor allem religiös motivierte Dissidenten in die Neue Welt. Pfarrer Francis Mackemie wanderte 1683 nach Virginia aus, wo er eine wichtige Rolle beim Aufbau der dortigen kleinen presbyterianischen Gemeinden spielte. Er gilt heute als der Vater der amerikanischen presbyterianischen Kirche. Seit 1904 gibt es in Rathmelton eine großzügig bemessene presbyterianische Kirche, aber die Heritage and Development Association hat auch das Old Meeting House erhalten können, in dem heute die öffentliche Bücherei untergebracht ist, sowie das Donegal Genealogical Centre, in dem die Pfarrbucheinträge aus der gesamten County aufbewahrt werden.

LINKS: O'Donnell ist in Donegal der glorreichste Name. Er hat Einwanderungen, Deportationen und Emigrationen überlebt. Zu den angesehensten Mitgliedern des Clans gehörten – und gehören – Colm Chille, der heilige Columban (ca. 521–597), Red Hugh O'Donnell (1571–1602), die Geißel der elisabethanischen Siedler, Kardinal Patrick O'Donnell (1856–1927) und Daniel O'Donnell, einer der populärsten irischen Sänger. GEGENÜBERLIEGENDE SEITE: Die Lagerhäuser am Kai von Rathmelton wurden im 18. Jahrhundert errichtet.

OBEN: Durch Rathmelton fließt der Lenon. Der Ort diente als Quelle der Inspiration für Ballylenon, *eine beliebte Hörspielserie der BBC. Die von Neid und Bosheit beherrschten Figuren sind natürlich frei erfunden.*
GEGENÜBERLIEGENDE SEITE: Manche Häuser des Dorfes, wie die von Bank Terrace, wurden im Rahmen eines Arbeitsbeschaffungsprogramms erbaut, das die drückende Armut der Bewohner lindern sollte. Der heutige Wohlstand überrascht heimkehrende Emigranten.

Links: Maritime Idylle am friedlichen Ufer von Strangford.
Gegenüberliegende Seite: Die Autofähre überquert den trügerischen Sund The Narrows zwischen Portaferry und Strangford. Die Mourne Mountains thronen erhaben über der lieblichen Landschaft.

Portaferry

(*Port an Phéire* = Fährhafen)

&

Strangford

(*Strang Fjord* = Starker Fjord)

DOWN

Portaferry und Strangford liegen an einem 800 Meter breiten Sund einander gegenüber. In The Narrows (der Enge) erreicht die Gezeitenflut zweimal am Tag eine Geschwindigkeit von acht Knoten – angeblich die stärkste Strömung in europäischen Gewässern.

Nichts lässt darauf schließen, dass zwischen den Bewohnern dieser beiden Gemeinden Feindseligkeit oder auch nur Misstrauen herrscht – Portaferry liegt auf der südlichen Spitze der Ards-Halbinsel und Strangford auf dem „Festland" von County Down –, haben sie doch gemeinsame Vorfahren sowohl unter den Gälen als auch unter den britischen Einwanderern, und die katholischen, presbyterianischen sowie die Kirchen der Church of Ireland sind in beiden Orten gut besucht. Dennoch herrscht in jedem der beiden Dörfer eine völlig andere Atmosphäre vor. Das größere Portaferry ist vielleicht geschäftiger – kommerziell wagt man im Zusammenhang mit einem Ort, in dem kaum Anzeichen des Fortschritts sichtbar sind, dann doch nicht zu sagen. Das kleinere Strangford wirkt wesentlich beschaulicher.

Strangford erinnert an einen bestimmten Dorftyp, den man insbesondere an der Südküste Englands vorfindet: Ordentliche Häuschen mit Dachgauben, grobem Mauerwerk, pastellfarbenem Anstrich und mit Blumenkästen voller Pelargonien und Petunien stehen in stufenförmig ansteigenden Reihen um eine winzige Bucht, und über allem thronen ein Kirchturm und eine Burg. Darin erschöpfen sich die Gemeinsamkeiten allerdings auch schon, denn anders als in England fehlen hier die Tea-Rooms, die Konditoreien und Kaffeestübchen. Dies mag ein Hinweis auf eine weniger gesellige Gesellschaft sein, ganz sicher aber ist es eine Absage an die Zwänge des Fremdenverkehrs. Ein hässlicher Fährhafen, die einzige Narbe im hübschen Antlitz des Dorfes, sollte die Besucher eigentlich abschrecken, tut es aber nicht.

Die Autofähre verkehrt alle 15 Minuten zwischen dem Hafen von Strangford und dem Kai von Portaferry. Strangford besitzt kein Hotel; Portaferry dagegen kann eines vorweisen, und zwar mit Stolz, denn Lage, Unterbringung und Küche passen ausgezeichnet zu dem herrlichen Ausblick auf Wasser, Freizeitboote, Wasservögel und die Küste bei Strangford sowie die Mourne Mountains im Hintergrund.

Beide Dörfer gehen auf obskure norwegische Ursprünge zurück und waren sehr klein, bis Sir James Montgomery 1620 begann, Portaferry zu fördern. Gegen Ende des 18. Jahrhunderts war Portaferry größer und bedeutender als Strangford. Wie der bekannte Architekturhistoriker Sir Charles Brett feststellte, „windet es sich entlang der Küstenlinie". Richtung Hinterland befindet sich ein leicht ansteigender Platz mit einem georgianischen Markthaus. Das Exploris-Aquarium präsentiert die Ergebnisse der wissenschaftlichen Erforschung der Irischen See mit einer anschaulich und lebendig gestalteten Ausstellung, die viele Besucher anlockt.

OBEN LINKS: Die presbyterianische Gemeinde von Portaferry geht auf das Jahr 1642 zurück und ist damit eine der ältesten in Irland. Die 1841 im dorischen Stil erbaute Kirche weist die Besonderheit auf, dass sowohl Parterre als auch Galerie von der Straße aus erreichbar sind. Die Verglasung wurde später vorgenommen.
OBEN RECHTS: Wesentlich weltlicher geht es in dieser Gasse zu, in der sich ein Pub an den anderen reiht.
RECHTS: Besonders aktuelle Fragen werden gleich auf dem Dorfplatz diskutiert.
GEGENÜBERLIEGENDE SEITE: Uneinheitliche Pracht: Reihenhäuser im frühlingshaften Strangford.

CASTLE STREET

Virginia

(*Achaidh Lír* = Lirs Feld)

CAVAN

Hinter der freundlich lächelnden Fassade Virginias, die sogar den übellaunigsten Reisenden in Ferienstimmung versetzt, verbirgt sich eine Geschichte voller Prüfungen und Enttäuschungen.

Wie der amerikanische Bundesstaat wurde auch dieser Ort nach der heiligen Jungfrau benannt, denn es war der königliche Wunsch von Elisabeth I., dass hier fleißige englische und schottische Kaufleute im Süden Ulsters, wo es noch keine größeren Städte gab, ein Handelszentrum aufbauen sollten. Entsprechend übergab sie die Ländereien des Klosters von Aghaleere, das ihr Vater aufgelöst hatte, an einen gewissen Gerald Fleming. Doch der Fortschritt vollzog sich nur langsam. 1618 standen hier ganze acht Häuser – und allesamt nur aus Holz gebaut. Waren die Zuwanderer so faul, oder waren sie so schlecht ausgerüstet, dass sie weder in der Landwirtschaft noch im Hausbau irgendetwas Ansehnliches zustande bringen konnten? Sollte es an der fehlenden Kompetenz von Mr. Fleming und seinen Nachfolgern gelegen haben? Was auch immer der Grund war: Die kleine Siedlergruppe musste miterleben, wie Cavan und Belturbet angegliedert wurden, was umso schlimmer für sie war, als diese beiden Dörfer, jeweils nur einen halben Tagesritt entfernt, auf ältere Siedlungen „eingeborener Iren" zurückgingen.

Der Dubliner Arzt Dr. Isaac Butler, der 1745 nach St. Patrick's Purgatory nahe des Lough Derg reiste, merkte an, dass die Umgebung von Virginia „wüst und öd" sei, dass hier nichts angebaut werde, und dass das Dorf so armselig sei, dass es nicht einmal einen erträglichen Gasthof zu bieten habe. Dafür bewunderte er aber die Steinbrücke, deren drei Bögen sich noch heute über der Einmündung des Flusses in den See erheben, was beweist, dass die Siedler im 18. Jahrhundert über solide architektonische und statische Kenntnisse verfügten. Wäre ihm die Gabe der Weissagung zu Eigen gewesen, dann hätte der Doktor die spätere Existenz einiger Gasthöfe vorhersagen können, die höchsten Ansprüchen genügen und heute an der belebten Hauptstraße stehen.

Hobbyangler aus europäischen Großstädten, Rucksacktouristen aus Australien und Motorradausflügler aus Dublin mischen sich hier unter die ortsansässigen Bauern und Ladenbesitzer, von denen einige von jenen Zeitgenossen Elisabeths I. abstammen, die seinerzeit so lange brauchten, um sich häuslich niederzulassen. Das Dorf verdankt sein heutiges, pittoreskes Aussehen in erster Linie der Familie des Marquis von Headfort, die am waldigen Ufer des Lough Ramor eine Jagdhütte (inzwischen ein Hotel) und mehrere Reihen von Cottages errichtete. Die Headforts regten auch den Bau der protestantischen Kirche an jener Stelle an, an der sich die aus Dublin kommende Straße gabelt: rechts geht es nach Cavan und Belturbet, links nach Ballyjamesduff.

OBEN: Gusseiserne Baumstämmchen stützen die Überdachung des Eingangs eines Reihenhauses ab. Hier prallten industrielle Revolution und romantische Sehnsüchte aufeinander.
GEGENÜBERLIEGENDE SEITE: Die Church of Ireland siedelte die Pfarrkirche von Lurgan (County Cavan) im frühen 19. Jahrhundert in das knapp fünf Kilometer entfernte Dorf Virginia um, das mehr Einwohner zählte.

Das alte Irland

Die Insel wird seit 7000 v. Chr. bewohnt und ist reich an Zeugnissen der unterschiedlichen Besiedlungswellen und Kulturen, die aufeinander folgten. Newgrange in der County Meath *(links)* weist heute noch die Spuren einer hoch entwickelten Zivilisation aus der Zeit von 3000–2500 v. Chr. auf. Steinkreise wie der bei Drombeg in der County Cork *(unten)* scheinen in der Bronzezeit dazu gedient zu haben, die Länge der Tage eines Jahres zu bestimmen. Dolmen, wie dieses Exemplar aus der Gegend von Poulnabrone in der County Clare *(gegenüberliegende Seite)*, trifft man in fast allen Countys an.

LINKS: Dieses Hochkreuz aus Granit wurde, vermutlich in einer Zeit weltlicher und religiöser Unruhen, von einer abgelegenen Pfarrei nach Duiske Abbey (County Kilkenny) gebracht und dort im Kirchhof aufgestellt.
GEGENÜBERLIEGENDE SEITE: Der Dolmen bei Browneshill in der Nähe der Stadt Carlow soll über hundert Tonnen wiegen und ist damit wohl der gewaltigste Europas.

UNTEN: Entstehungszeit und Ursprung der doppelgesichtigen Steinfigur, die auf Boa Island im Lough Erne steht, konnten bisher nicht ermittelt werden.
GEGENÜBERLIEGENDE SEITE: Wesentlich leichter war diese Skulptur aus dem 14. Jahrhundert zu datieren, die sich bei der St. Mary's Church in Gowran (County Kilkenny) befindet. Man nimmt an, dass sie entweder das Bildnis von Joan, der Frau von Edmund, des Earl von Carrick, darstellt oder das ihrer Schwiegertochter Eleanor, Gattin des 1. Earl von Ormond.

OBEN: Dieser gut erhaltene Rundturm bildet den eindrucksvollen Mittelpunkt der Überreste von St. Kevin, einer religiösen Niederlassung aus dem 6. Jahrhundert nahe Glendalough (County Wicklow).
RECHTS: Die Ornamente auf diesem Grab aus dem 12. Jahrhundert in der Cormac's Chapel auf dem Rock of Cashel (County Tipperary) sind stark von der Kunst der Wikinger beeinflusst.

Leinster

Die Grenzen der östlichsten irischen Provinz Leinster haben sich häufig und oft auf sehr verwirrende Weise verschoben. Manchmal reichten sie weit nach Connacht und Munster hinein, immer mal wieder schlossen sie auch die alte Provinz Meath mit ein. Charakter und Image der Provinz werden heute stark von einer Region bestimmt, die als The Pale bekannt ist: Es handelt sich um eine Enklave aus dem 15. Jahrhundert mit Dublin als Zentrum, zu der ein großer Teil der Countys Kildare, Meath und Louth gehören. Hier ließ sich die letzte Welle englischer Siedler nieder, die ängstlich darum bemüht waren, die Verbindung zu ihrer früheren Heimat nicht abreißen zu lassen. Dabei lebten sie in ständigem Konflikt mit den Herrschern der Region, die ihrerseits von den Normannen abstammten, die das Gebiet 200 Jahre zuvor erobert hatten.

Die anderen Countys von Leinster sind – im Uhrzeigersinn von der Karte (siehe S. 207) abgelesen – Wicklow, Carlow, Wexford, Kilkenny, Laois, Offaly, Westmeath und Longford. Laois und Offaly wurden in der Mitte des 16. Jahrhunderts von englischen Einwanderern besiedelt und damals nach Philipp II. von Spanien und Maria Tudor „King's County" beziehungsweise „Queen's County" getauft. Abgesehen von den Wicklow Mountains und den Slieve Bloom Mountains ist Leinster überwiegend flach und hat einen guten Ackerboden. Breite, träge dahinfließende Flüsse und großzügig angelegte, von Burgen überragte Städte lockern das Landschaftsbild auf. Die Normannen haben als Bauherren und Stadtplaner deutliche Spuren hinterlassen: Früheren und späteren Entwicklungen zum Trotz wirken etliche Städte und Dörfer – wie etwa Kilkenny, Carlow, Enniscorthy, Kildare, Trim und Drogheda – ausgesprochen normannisch. Leinster war die erste Provinz, in der die irische Sprache ausstarb, obwohl zwei Irisch sprechende Bezirke künstlich – und erfolgreich – in die fruchtbare County Meath integriert wurden.

Gegenüberliegende Seite: Die Bucht von Dublin, Hauptstadt von Leinster und der Republik Irland. Bulloch Harbour in Dalkey, südlich der Stadt, war früher als Hafen bedeutender als der von Dublin, weil er unabhängig von den Gezeiten immer tief genug blieb.

Ardagh

(*Ard Achaidh* = Hohes Feld)

LONGFORD

Um Ardagh ranken sich Unmengen von Legenden: heidnische, frühe christliche, architektonische und reine Produkte der Fantasie.

Im Märchen von Etáin und Midhir, zum ersten Mal aufgezeichnet im *Book of Leinster* (um 1150), wird die Prinzessin Etáin in eine Libelle verwandelt, und später als Sterbliche wieder geboren. Schließlich kann sie sich in Gestalt eines Schwanes mit dem ebenfalls als Schwan auftretenden Gott Midhir (in manchen Versionen Aengus) vermählen. In Padraic Fallons Theaterstück *The Wooing of Etáin* (1955; Die Werbung der Etáin) und in Eavan Bolands Gedicht *The Winning of Etáin* (1967; Die Eroberung der Etáin) werden Motive dieser Volksdichtung verwendet. Eine in jüngster Zeit vollendete Skulptur von Eamonn O'Doherty, die im Ardagh Heritage Centre aufgestellt wurde, stellt die Liebenden in verzauberter Gestalt dar.

Der Verdacht der Vetternwirtschaft überschattete die Weihe des ersten Bischofs von Ardagh durch den heiligen Patrick, denn der heilige Mel soll Patricks Neffe gewesen sein. Doch haftet auch ihrer Beziehung etwas Märchenhaftes an, denn manche Historiker glauben, dass sie in verschiedenen Epochen lebten. Die Ruine von St. Mels Oratorium kann auf dem Grundstück der bescheidenen, 1810 erbauten protestantischen Kirche besichtigt werden, die gegenüber der katholischen Kirche St. Brigid liegt. Letztere, ein Werk William Hagues, ist ein gotisches Bauwerk von den Ausmaßen einer Kathedrale, was für ein so kleines Dorf außergewöhnlich erscheint.

Eine weitere Legende – deren Urheber ihr eigener Held ist – berichtet, dass der berühmte Theaterautor Oliver Goldsmith als Junge auf einem nächtlichen Fußmarsch an die Tür von Ardagh House klopfte, im Glauben, dass es ein Gasthof wäre, und von der Familie des Gutsherrn Fetherston gastlich aufgenommen wurde. Auf diesem Erlebnis aufbauend schrieb Goldsmith sein beliebtes Lustspiel *She Stoops to Conquer,* das 1773 uraufgeführt wurde (unter dem Titel *Irrthum auf allen Ecken* 1784 zum ersten Mal in deutscher Sprache in Wien). Ein Modell von Foleys berühmter Statue von Oliver Goldsmith ist in Ardagh House ausgestellt.

Die ansehnlichen Cottages rund um die Dorfwiese haben ebenfalls zur Entstehung einer Legende beigetragen, die von einer „Schweizer" Abstammung berichtet. Dabei würden sie in den Alpen eher fehl am Platze wirken. Mit ihren steilen Satteldächern, den verzierten Windfängen, den hohen Vorbauten und Sprossenfenstern wirken sie ausgesprochen ländlich-englisch. Und tatsächlich sind sie seinerzeit von dem englischen Architekten J. R. Carroll entworfen worden; Sir Thomas Fetherston hatte ihn 1862 dazu beauftragt, um das Problem der Unterbringung seiner Pächter auf besonders malerische Weise zu lösen. Diese Cottages tragen wesentlich zum Charme von Ardagh bei.

Die ungefähr siebzig Einwohner haben sich gemeinsam so aktiv für die Dorfverschönerung engagiert, dass Ardagh dreißigmal den *Tidy-Town*-Wettbewerb der County gewonnen hat und dreimal zum gepflegtesten Ort Irlands erklärt wurde. Mit gleichem Engagement halten die Bewohner von Ardagh auch ihre Umgebung in Ordnung. Besucher sind willkommen, dem Massentourismus Tür und Tor zu öffnen ist man jedoch nicht bereit. Aus dem Ort alter Märchen und Legenden haben die Einwohner ein märchenhaftes modernes Dorf gemacht.

OBEN: Diese etwas überschwänglich anmutende Skulptur von Eamonn O'Doherty stellt das Liebespaar Etáin und Midhir dar.
GEGENÜBERLIEGENDE SEITE: Der neugotische Uhrturm im Zentrum von Ardagh (County Longford) erinnert an Sir George Fetherston, der größtenteils für die Planung verantwortlich war und so maßgeblich das attraktive Erscheinungsbild des Dorfes prägte.

Das gepflegte Aussehen hat Ardagh schon so viele Auszeichnungen als schönstes Dorf der County, der Region und des Landes eingebracht, dass die Dorfbewohner ihre Siege nicht mehr zählen. Von den Fassaden der Geschäfte bis hin zu den Herrenhäusern wird alles mit viel Liebe und Sorgfalt instand gehalten.

Carlingford

(*Carlinn Fjord* = Carlinns Fjord)

LOUTH

Niemand vermag mit Sicherheit zu sagen, wer dieser Carlinn gewesen war – vielleicht ein seefahrender Wikinger. Als der Normanne de Laceys die Siedlung im 13. Jahrhundert gründete, hatte sich der Name für den tief eingeschnittenen Meeresarm, der die Bergketten Cooley und Mourne voneinander trennt, schon so eingebürgert, dass er auf den Ort übertragen wurde.

In Carlingford blieb wie durch ein Wunder das alte Stadtbild erhalten. Die modernen Bewohner passieren auch heute noch die alten Stadttore. Darüber hinaus gibt es noch zwei schöne Turmhäuser, die Überreste eines großen Klosters und eine Befestigungsmauer. Am auffälligsten aber ist sicher die eindrucksvolle Ruine der Burg King John's Castle. Für das „wunderbare" Überleben des historischen Carlingford gibt es einfache – und für den Ort eigentlich traurige – Erklärungen: erstens der Blutzoll, den die Kriege gegen die Truppen Cromwells und Wilhelms von Oranien forderten; zweitens der Bau einer Straße, die im Landesinneren von Dublin nach Carrickfergus führte (Belfast war in diesem Zusammenhang erst ab dem 18. Jahrhundert von Bedeutung); und drittens die rätselhafte Abwanderung der Heringsschwärme, die bis dahin die wichtigste Wirtschaftsgrundlage dargestellt hatten. Hätte sich Carlingford wie die Nachbarorte Dundalk und Newry entwickeln können, so wären die alten Straßen längst unter Fabrikanlagen und modernen Wohnsiedlungen begraben worden.

Der Bau einer Eisenbahnstrecke an der Küste im Jahre 1876 vermochte den ökonomischen Niedergang des Ortes ein wenig aufzuhalten. Ausflügler kamen, wenn auch nicht in Scharen, um sich an der See zu vergnügen. Die Anlage eines tiefen Hafenbeckens im sieben Kilometer entfernten Greenore an der gleichen Bahnstrecke, die Einrichtung einer Dampfschifflinie, die Greenore mit Lancashire und Nordwales verband, sowie der Bau eines sehr schmucken Hotels am Kai führten schließlich zu einer deutlichen wirtschaftlichen Verbesserung. Der gewaltige Zuwachs der Übernachtungszahlen im letzten Viertel des 20. Jahrhunderts, der vermutlich auch auf ein wachsendes Interesse an den erhaltenen historischen Gebäuden und auf die Verschönerung des Stadtbildes zurückzuführen ist, hauchte Carlingford neues Leben ein.

Abgesehen von der Hauptstraße, die an die Stelle der stillgelegten Bahnstrecke getreten ist, entspricht der Straßenplan noch den mittelalterlichen Anlagen. Die meisten Häuser sind sehr alt und wurden im 18. und 19. Jahrhundert renoviert. The Mint, die Münze, ist mit ziemlicher Sicherheit tatsächlich jenes Gebäude, in dem ab 1467 für kurze Zeit Münzen geprägt wurden. Taafe's Castle ist der befestigte Wohnsitz der mächtigen Familie gleichen Namens. The Tholsel war eines der drei Tore. Die Kirche Holy Trinity, deren massiver Turm aussieht, als hätte er ursprünglich eher wehrhaften als religiösen Zwecken gedient, wurde 1991 als Kirche aufgegeben und wird seither von dem engagierten Carlingford Lough Heritage Trust, der örtlichen Gesellschaft für Heimatpflege, als öffentliches Zentrum für historische und ökologische Studien genutzt.

Von der Halbinsel Cooley aus hat man diesen eindrucksvollen Blick auf Carlingford Lough und die Mourne Mountains.

HERITAGE CENTRE
CARLINGFORD ADVENTURE CENTRE

IM UHRZEIGERSINN, VON LINKS OBEN BEGINNEND: Sehenswürdigkeiten von Carlingford: die ehemalige Kirche Holy Trinity, die heute das Carlingford Heritage Centre beherbergt; Blick von der Hafenbar auf das Dorf und King John's Castle vor dem Hintergrund der Cooley Mountains; die Tholsel Street; das Stadttor Tholsel Gate, in dem auf die Handelsgüter tholes *(Zölle) erhoben wurden.*

RECHTS: Dalkeys ältester Pub, The Queen's, wird von der einheimischen Bevölkerung ebenso häufig frequentiert wie von den international bekannten Autoren, Künstlern und Musikern, die das Dorf zu ihrer zweiten Heimat gemacht haben. GEGENÜBERLIEGENDE SEITE: Von Killiney Hill aus hat man einen wunderbaren Ausblick auf Dalkey Island und Sorrento Terrace vor dem Hintergrund der Bucht von Dublin.

Dalkey

(*Deilg Inis* = Dornige Insel)

DUBLIN

Die sich im Laufe der letzten beiden Jahrhunderte immer stärker ausbreitenden Städte Dublin, Belfast und Cork haben etliche kleine und einst abgelegene Dörfer regelrecht verschluckt. Die Dörfer sind im Meer der Vorstädte untergegangen, von manchen blieben nur die Namen erhalten. Ein ehemaliges Dorf, das seinen individuellen Charakter dagegen bewahren konnte, ist Dalkey in der County Dublin. Wie dieses Dorf es geschafft hat zu überleben, bleibt vielleicht ein Geheimnis.

Trotzdem: Eine einleuchtende Erklärung könnte sein, dass Dalkey nicht an einer Durchgangsstraße liegt, sondern am Ende eines Weges, der im Mittelalter seinen Hafen mit jener elf Kilometer entfernten Ansiedlung verband, die später zur Innenstadt von Dublin werden sollte. Dalkey lag für den Handel günstiger als Dublin, weil das Wasser an seinem Kai tiefer war, während die Mündung des Flusses Liffey, an der Dublin liegt, leicht versandete. Die sieben Burgen von Dalkey, von denen drei erhalten sind, müssen ein eindrucksvoller und furchteinflößender Beweis der Wehrhaftigkeit gewesen sein, mit der über die Sicherheit von Hafen und Hafenstraßen gewacht wurde.

Ausgrabungen auf der heute unbewohnten Dalkey Island, die einige hundert Meter vor der Küste liegt, lassen den Schluss zu, dass sie schon 4000 v. Chr. bewohnt war – wesentlich früher also als Dublin. Die beiden Kirchen aus frühchristlicher Zeit, von denen eine auf der Insel steht und die andere nahe der heutigen Hauptstraße von Dalkey, sind St. Begnet gewidmet. Vielleicht ist es gerade diese Hauptstraße – Castle Street genannt, weil sie von Archbold's Castle und Cheevers' Castle flankiert wird –, der Dalkey seine dörfliche Atmosphäre verdankt. Neben dem Postamt und der öffentlichen Bücherei befinden sich hier Geschäfte aller Art, sodass man für seinen Einkauf weder die Einkaufszentren noch die Geschäftsstraßen der Großstädte aufsuchen muss. Die Einheimischen treffen sich täglich bei ihren Erledigungen, tauschen Grüße und Neuigkeiten aus und pflegen jenen Klatsch und Tratsch, der so wichtig für den Fortbestand einer dörflichen Gemeinschaft ist.

Überall sieht man Granit: Der Kai ist aus Granit, die Mauern, die Kirchen, die Burgen, die Pflaster- und die Bordsteine. Dalkey Quarry, der Steinbruch, der sich in den Berg über dem Dorf hineingefressen hat, lieferte zwischen 1815 und 1825 auch den Granit für den Hafen von Kingstown (heute Dún Laoghaire). Diese beträchtliche Verbesserung der Infrastruktur führte dazu, dass Dún Laoghaire ein bedeutendes Handelszentrum wurde – ein Grund mehr für Dalkey, an seiner Gelassenheit festzuhalten.

OBEN: Die Liebe zum Detail im Großen wie im Kleinen trägt zu Dalkeys besonderem Charme bei. Goat Castle – nach der Ziege benannt, die das Wappen der Familie Cheevers schmückt – ist inzwischen das Rathaus von Dalkey und beherbergt ein Museum für Heimatgeschichte, das einen Besuch lohnt.
RECHTS: Hauseingänge, wie sie für Dalkey typisch sind.
GEGENÜBERLIEGENDE SEITE: Archbold's Castle in Dalkey stammt aus dem 15. Jahrhundert. Dahinter die Church of the Assumption (1841).

Sandycove Harbour ist zu Fuß nur zehn Minuten vom Zentrum von Dalkey entfernt. Das weiße Haus rechts im Bild wurde in den 1930er Jahren von dem Architekten Michael Scott entworfen und gilt als erstes Bauwerk der Moderne in Irland.

*L*INKS: *Uhrturm und Brunnen sind dem Gedenken an die Familie Powerscourt gewidmet und bilden den Mittelpunkt des Ortszentrums von Enniskerry.*
UNTEN: *Eine weitere Sehenswürdigkeit des hübschen Dörfchens sind die Pächterhäuser aus dem 19. Jahrhundert.*

Enniskerry

(*At na Scáirbhe* = Felsige Furt)

WICKLOW

Vor einigen Jahrzehnten nannten die älteren Leute den Ort noch Annaskerry, was dem ursprünglichen irischen Namen ähnlicher ist. Doch irgendein Beamter, der in den 1830er Jahren eine Landvermessung durchführte, schrieb auf seine schöne neue Landkarte Enniskerry. Und so setzte sich im Laufe der Zeit dieser Name durch. Doch wie auch immer er eigentlich heißen mag: Der Ort ist wirklich sehenswert, eingebettet zwischen den üppig bewachsenen Ländereien des Powerscourt-Besitzes und den wilden Glens der Flüsse Dargle und Glencullen, die von den Wicklow Mountains herabfließen.

Vor 200 Jahren beschrieb man die Gegend hier abwechselnd als „erhaben", „grässlich" oder „furchteinflößend". Ersteres bezog sich vermutlich auf die Parklandschaft des Powerscourt'schen Besitzes, Letzteres wohl eher auf die bergige Umgebung. Diese Landschaft „pittoresk" zu nennen wäre in der Tat beschönigend, auch wenn Maler wie George Barret (1732–1784) und William Sadler (1782–1839) wiederholt davon sprachen. Ein Gemälde von Barret, heute Bestandteil der Sammlung Mellon in Washington, D.C., zeigt genau diese Landschaft, mit dem Powerscourt House in einiger Entfernung und dem Sugarloaf Mountain, der das gesamte Panorama eindrucksvoll beherrscht.

Barret malte auch den berühmten Wasserfall, der hundert Meter tief eine Felswand hinabstürzt.

Georg IV. war 1821 Gast des 5. Viscount Powerscourt, und es existieren zwei nicht übereinstimmende Berichte über seine Besichtigung bzw. seine geplante Besichtigung des Wasserfalls. Der ersten Version zufolge hatte eine anhaltende Dürre den Strom zu einem Rinnsal schrumpfen lassen. Männer mit großen Wasserfässern bemühten sich hoch oben auf dem Felsen, diesen unrühmlichen Wassermangel zu beheben. Der zweiten Version zufolge hatte man eigens für den hohen Besucher eine Brücke gebaut, die aber weggespült wurde, als man eine Schleuse öffnete. Hätte der Monarch in diesem Augenblick auf der Brücke gestanden, wäre die Geschichte zweifellos anders verlaufen.

Powerscourt House, das eine frühere Burg ersetzte, wurde 1974 durch ein Feuer zerstört. Zum Glück konnte die Fassade gerettet werden. Das Gebäude wurde, wenn auch nicht originalgetreu, restauriert und blieb als Mittelpunkt der herrlichen Landschaft erhalten. Das Herrenhaus wurde 1731 von Richard Cassels (oder Castle) erbaut. Gärten und Terrassen wurden über hundert Jahre später nach den Entwürfen Daniel Robertsons angelegt, der sich von der Villa Butera auf Sizilien hatte inspirieren lassen.

Auf Anhöhen an beiden Enden von Enniskerry stehen zwei neugotische Kirchen mit eleganten Türmen. Die 1857 erbaute St. Patrick's Church war ein Geschenk der Marquise von Londonderry, die in erster Ehe mit dem 5. Viscount Powerscourt verheiratet war. Die aus gleicher Zeit stammende katholische Kirche ist ein Werk von Patrick Byrne, der sonst überwiegend Gebäude im klassizistischen Stil entwarf.

OBEN: Inmitten der freundlichen, waldreichen Landschaft gelegen, bietet Enniskerry im ersten zarten Herbstnebel ein Bild ländlicher Idylle.
FOLGENDE SEITEN: Die exakt angelegten Beete und das Herrenhaus von Powerscourt verleihen Enniskerry Würde und Vornehmheit. Am Teich ein Pegasus, der aussieht, als würde er sich gleich in die Lüfte schwingen. Die Bronzevasen und Tritonen stammen aus dem Mailänder Palazzo des Herzogs von Litta.

UNTEN: Italia in Hibernia: *Die Terrassen von Powerscourt wurden im frühen 19. Jahrhundert von Richard Cassels entworfen, aber erst ab 1842 von Daniel Robertson nach leicht veränderten Plänen angelegt.* GEGENÜBERLIEGENDE SEITE: *Der Powerscourt-Wasserfall zieht jedes Wochenende Scharen von Besuchern aus Dublin und Umgebung an.*

Gowran

(*Bealach Gabhráin* = Rossweg)

KILKENNY

Das Dorf an der wichtigsten Verbindungsstraße zwischen Dublin und Waterford lädt den müden Reisenden förmlich zu einer Rast ein. Erst kürzlich von der Gowran Development Association durchgeführte Renovierungsarbeiten an der St. Mary's Collegiate Church haben zu einem neu erwachten Interesse an Kirche und Dorf beigetragen. Dank dem Wiederaufbau der steinernen Umfriedungsmauern und Eingänge, durchgeführt im Rahmen eines erfolgreichen Jugendausbildungsprogramms, sind Gebäude und Friedhof wieder für die Öffentlichkeit zugänglich.

Seit ihrer Errichtung in frühchristlicher Zeit hat St. Mary's mehr als die für irische Kirchen scheinbar üblichen Veränderungen, Erweiterungen und Zerstörungen erlebt. Offenbar stürzte das Kirchenschiff irgendwann im 17. Jahrhundert ein; nur der überdachte Altarraum blieb stehen und wurde von der Church of Ireland als Ort des Gebets genutzt. Zwei aufeinander folgende Rektoren, die um die Wende vom 19. zum 20. Jahrhundert im Amt waren, taten ihr Möglichstes, um die Schätze der Kirche zu erhalten – unter anderem die außergewöhnlichen Bildnisse eines Mannes und einer Frau in Basrelief, eindeutig von gleicher Hand in einer ganz eigenen, minimalistischen Art gearbeitet.

Die frisch bepflanzte Fläche zwischen Kirche und Dorfstraße erhielt den Namen High Garden. Hier wurden wie Grabsteine gemeißelte Steinplatten aufgestellt, deren Inschriften Auskunft über die wichtigsten Ereignisse in der Geschichte von Gowran geben: Theobald Fitzwalter, Landeshauptverweser von Irland, nahm Gowran 1180 als normannische Stadt in Besitz und enteignete so den O'Dunphy-Clan. 1316 plünderten Edward Bruce und seine schottischen Soldaten die Stadt. Der siegreiche Wilhelm III. ritt 1690 nach der Schlacht am Boyne triumphierend durch den Ort, unterwegs zu einem Treffen mit dem Duke von Ormonde in Kilkenny Castle. 1890, ein Jahr vor dem Ende seiner politischen Karriere und seinem Tod, berief Charles Stewart Parnell, Verfechter der Home Rule, in Gowran eine Massenversammlung ein.

In politischer Hinsicht ist Gowran heute von weitaus geringerer Bedeutung als im Mittelalter. Bekannt ist es vor allem für seine Pferderennbahn, sodass der alte irische Name Steed's Way (Rossweg) wie eine Prophezeiung klingt. Arkle und Dawn Run sind nur zwei von zahlreichen Pferden, die die Zuschauer, zu denen in der Regel auch hohe Politiker, Leute von königlichem Geblüt und andere Prominente gehören, immer wieder in atemlose Spannung versetzen.

OBEN LINKS: Kilkennys Stars sind die Spieler der irischen Mannschaftssportart Hurling.
OBEN: Die Pächterhäuser, die 1908 von Lady Ann Ley of Gowran in Auftrag gegeben wurden.
GEGENÜBERLIEGENDE SEITE: Streckenweise wirkt die alte Straße von Dublin nach Waterford unter der St. Mary's Church wie ein Weg in die Vergangenheit.

Graiguenamanagh

(*Gráig na Manach* = Speicher der Mönche)

KILKENNY

Graiguenamanagh liegt am Barrow, an jener Stelle, wo eine hübsche Steinbrücke die Countys Carlow und Kilkenny verbindet. Der Barrow, ein recht breiter Fluss, ist bei Wanderern und Bootsfahrern gleichermaßen beliebt. Entlang des Ufers verläuft ein Treidelpfad, der vor allem in Richtung Süden immer reizvoller wird, wenn der Fluss auf seinem Weg nach New Ross und zum Meer das steile, bewaldete Tal zwischen Brandon Hill und den Blackstairs Mountains passiert.

Bei Graiguenamanagh mündet der Duiske (*Dubh Uisce* = Dunkles Wasser), der der Abtei, die den Mittelpunkt des Dorfes bildet, seinen Namen gegeben hat, in den Barrow. In ihren besten Zeiten war Duiske Abbey die größte Abtei der Zisterzienser in Irland. In einem Land, in dem von der Architektur der Vorrenaissance in der Regel nur noch Ruinen übrig blieben, überrascht es, auf eine Abtei zu stoßen, deren Dach und Mauern noch gut erhalten sind. Dies ist Wiederaufbauarbeiten zu verdanken, die erst vor kurzem von Einheimischen in unbürokratischer Zusammenarbeit mit staatlichen Behörden durchgeführt wurden.

Duiske Abbey wurde 1204 von William the Marshal gegründet, einem kühnen normannischen Anführer. Als die Klöster aufgelöst wurden, wurde die Abtei James Butler, bekannt als „der Mann des Königs", zugesprochen. Die Familie Butler konnte die Abtei trotz der Aufstände von 1641 halten; viel länger aber währte ihr Glück nicht. Als Anhänger von König Jakob II. wurde sie nach den Kriegen gegen Wilhelm von Oranien enteignet. Die Familie Agar kaufte die Ländereien von der Krone, behielt sie bis weit ins 20. Jahrhundert hinein in ihrem Besitz und ließ viele der ansehnlichen Häuser an der Straße bauen.

An die Barrow Navigation, ein in Zusammenarbeit mit der Grand Canal Company geplantes Unternehmen, wurden große Erwartungen gestellt. 1760 baute man die ersten Schleusen, und schon 1770 konnten Boote von bis zu vierzig Tonnen Graiguenamanagh erreichen. Ein Hotel wurde eröffnet, das Geschäftsleute und Touristen aufnehmen sollte. Ende des 18. Jahrhunderts betrug der Preis für „ein Bett, für eine Person, in einem nur ein Bett enthaltenden Raum" drei Shilling und drei Pence. Im Preis inbegriffen waren „Trägerdienste zwischen dem Hotel und den Booten, und sechs Pence für das Zimmermädchen, die ihr vom Hoteldirektor ausgezahlt werden". Wollte jemand länger als zwei Wochen bleiben, wurden die Preise verdoppelt, denn das Hotel sollte den Durchgangsverkehr fördern und nicht längere Aufenthalte im Ort. Es scheint fast überflüssig, hinzuzufügen, dass sich dieses Hotel nur ein paar Jahre lang halten konnte.

Der Warentransport zu Wasser wurde nie so bedeutend, wie man es gern gesehen hätte, und mehr als hundert Jahre lang wirkten die Gebäude am Fluss ziemlich heruntergekommen. Es ist eine Ironie der Tourismusgeschichte, dass heute ausgerechnet in einem hervorragend renovierten Warenhaus am Wasser ein gut gehendes vierstöckiges Hotel untergebracht ist. Den ganzen Sommer über legen Vergnügungsboote an. Endlich kann das Dorf die außergewöhnliche Lage zu seinem Vorteil nutzen.

OBEN: Die Nischen an der flussabwärts gelegenen Seite der Brücke von Graiguenamanagh sollen allein dem Zweck gedient haben, Reisende, die auf dem Wasserweg von Waterford kamen, zu beeindrucken.
GEGENÜBERLIEGENDE SEITE: Das in der County Carlow liegende Ufer des Barrow bietet einen schönen Ausblick auf Graiguenamanagh auf der Seite von Kilkenny.

IM UHRZEIGERSINN VON OBEN LINKS BEGINNEND: Dörfliche Detailansichten: Hauptstraße von Graiguenamanagh; Laibung und Teil eines Buntglasfensters in Duiske Abbey; F. J. Murrays bemerkenswerte Geschäftsfassade ist von den Fenstern der Abtei inspiriert; Witwenhaus aus dem 19. Jahrhundert.

GEGENÜBERLIEGENDE SEITE: Zeit für ein Bier und ein Schwätzchen in Mick Doyles Laden in Graiguenamanagh.

THERMOS
FINCHES

OBEN: Eine hübsche Hausfassade im Ortskern von Graiguenamanagh.
GEGENÜBERLIEGENDE SEITE: Die hervorragend erhaltene Schleuse und das frisch renovierte Schleusenwärterhaus. Dieser Uferabschnitt des schiffbaren Barrow ist unter dem Namen Tinnehinch bekannt.

Die Rechnung ging auf. Die Fischereiflotte von Kilmore zählte rasch zu den wichtigsten in irischen Gewässern und ist es bis heute geblieben. Die beiden Hauptstraßen und die Gassen dazwischen verleihen dem Ort so etwas wie eine dörfliche Atmosphäre. Zu der Zeit jedoch, als die meisten Häuser entstanden, war Kilmore Quay eher ein *clachán,* eine einfache Ansammlung von Wohnhäusern, als ein *sráidbaile* (Straßendorf). Die alten Häuser, einer ehrwürdigen Tradition folgend fein säuberlich mit Schilf gedeckt und weiß getüncht, weisen ein erstaunlich unterschiedliches Aussehen auf: sie sind ein-, zwei- oder anderthalbgeschossig, teilweise haben sie Gratdächer, Dachgauben, Dach- oder Giebelfenster und Vorbauten. Die größten zweistöckigen Häuser werden als schilfgedeckte Herrenhäuser bezeichnet.

Kilmore Quay liegt in der Baronie von Bargy. Bargy und die benachbarte Baronie von Forth waren bis vor einem Jahrhundert wegen ihres besonderen Dialekts bekannt, der Yola genannt wurde und von postnormannischen Siedlern in dieser Gegend eingeführt worden war. Yola basierte auf Mittelenglisch mit einer Beigabe von irischen Wörtern und Redewendungen. Manche, auch heute noch in der Region gebräuchlichen Redensarten gehen auf Yola zurück. Ebenfalls überlebt hat in Kilmore Quay die Tradition, dass an Stellen, an denen ein Begräbniszug vorbeikommen wird, von den Mitgliedern der trauernden Familie hölzerne Kreuze aufgestellt werden. Aus Santiago de Compostela zurückgekehrte Pilger sollen diesen Brauch hier eingeführt haben, nachdem sie ihn nach der Schlacht von Roncesvalles (778) bei den Soldaten Karls des Großen beobachtet hatten. Auch nach der Eröffnung des neuen Friedhofs von Kilmore Quay im Jahre 1953 wurde dieser Brauch beibehalten.

Kilmore Quay

(*Cé na Cille Móire* = Großer Kirchenkai)

WEXFORD

Zwei sich gemächlich dahinwindende Straßen, die eine aus Richtung New Ross kommend, die andere aus Wexford, treffen auf einer sandigen Landzunge zusammen, die Crossfarnogue genannt wird oder Forelorn Point. Auf beiden Seiten der Landzunge liegen weitläufige Strände, von gelben Dünen begrenzt, die man hier *burrows* nennt. Sie halten die Brackwasser der Schilfseen zurück, in denen eine große und bunte Vogelgesellschaft nistet. Dies ist der südöstliche Zipfel von Irland – ein harmloser Küstenstreifen, wie man auf den ersten Blick hin meint. Der aber täuscht, denn Hunderte von Schiffen haben hier schon Schiffbruch erlitten. Wagt sich ein Schiff zu weit in die Bucht zwischen Crossfarnogue Point, Ballyteige Burrow und Baginbun Head hinein, so „ist es unmöglich, sich daraus zurückzuziehen, und es gibt keinen Ort der Zuflucht“, wie ein Historiker im frühen 19. Jahrhundert düster formulierte.

Das Dorf Kilmore Quay entwickelte sich auf natürliche Weise rund um einen Hafen, der nach der Hungersnot von 1840 vorausschauend am Crossfarnogue Point in dem Bestreben angelegt wurde, der schwachen Wirtschaft der Region mit einer Fischfabrik wieder auf die Beine zu helfen.

OBEN: Die Pfarrkirche von Kilmore Quay wacht über den Hafen.
GEGENÜBERLIEGENDE SEITE: Die stolze Fischereiflotte des Ortes.

UNTEN UND GEGENÜBERLIEGENDE SEITE: In Kilmore Quay findet man zahlreiche Beispiele für die Kunstfertigkeit der Dachdecker.
GANZ UNTEN: Etliche Boote tragen die Namen der zahlreichen Vogelarten, die an der Küste von Wexford leben, wie hier die Guillemot (Lumme).

OBEN: In den 1930er Jahren errichtete Eddie Goff, ein Mann aus der Gegend, der das Zusammenwirken von Wind, Gezeiten und Bodenerosion kannte, diese und ähnliche einzigartige Mauern in Kilmore Quay.

Slane

(*Baile Sláine* = Slanes Stadt)

MEATH

OBEN: Wesentlich beeindruckender ist jedoch das gotische Torhaus von Slane Castle. Es trägt das Wappen des Earl Conyngham – später der 1. Marquis – und seiner Gattin Elizabeth Denison.
GEGENÜBERLIEGENDE SEITE: Das schlichte Haus aus dem 18. Jahrhundert ist eines von vier gleich aussehenden Häusern, die einander an der Kreuzung von Slane gegenüberstehen.

Es heißt, die County Meath „hat alles“: die besten Böden, wohlhabende Städte, eine liebliche Landschaft, die größte Anzahl von Altertümern und die schönsten Beispiele der unterschiedlichen Architekturstile aller Epochen. Nur 15 Autominuten vom Dorf Slane entfernt befinden sich die eindrucksvolle Nekropole Boyne aus der Zeit um 5000 v. Chr., die Überreste der Zisterzienserabtei von Melifont aus dem 12. Jahrhundert, der Schauplatz der Schlacht am Boyne (1690) sowie Townley Hall, ein herrliches klassizistisches Landhaus, das 1794 von dem irischen Architekten Francis Johnston erbaut wurde.

Auch das Dorf selbst hat viel Historie zu bieten. An der Ardee Road liegt ein unterirdisches Gewölbe aus frühchristlicher Zeit. Auf der Kuppe von Slane Hill zündete der heilige Patrick am Ostermontag des Jahres 433 das erste irische Osterfeuer an, ein Ereignis, das umwälzende politische und religiöse Auswirkungen haben sollte. Angeblich hatte König Laeghaire verfügt, dass an dem Tag, an dem er seine Feierlichkeiten in Tara abhielt, keine anderen Zeremonien stattfinden sollten. Der Rauch vom nahen Slane Hill veranlasste ihn, jene festnehmen zu lassen, die seiner Anordnung zuwiderhandelten. Der König verhörte Patrick persönlich, was zur Folge hatte, dass er sich bald darauf zu dem neuen Glauben bekehrte.

Aus dieser Zeit sind keine Gebäude erhalten, das Mönchskloster und die Kirche sind wesentlich jüngeren Datums. Der Ausblick von der Turmspitze ins Tal des Boyne ist nicht nur aufregend schön, sondern weckt auch zahlreiche Erinnerungen an historische Ereignisse. Die Siedlung bei Slane wurde wiederholt von Norwegern geplündert, die ihren Stützpunkt vermutlich in Dublin hatten. 1172 und 1175 fielen Anglo-Normannen über Slane her. Das Dorf verfiel zusehends, bis Charles Fleming, Lord von Slane, 1512 mit der Restauration begann. Im Zuge der Revolution von 1641 verloren die Flemings ihre Ländereien an die Conynghams, die bis heute in Slane Castle residieren.

Die Conynghams legten das bestehende Dorf in der zweiten Hälfte des 18. Jahrhunderts an. Wer auf der Straße von Dublin nach Derry durch Slane kommt, ist unweigerlich von der städtebaulichen Klarheit der achteckigen Hauptkreuzung beeindruckt. Die vier identisch aussehenden Häuser von 1767 haben zum Glück alle Wechselfälle der Geschichte gut überstanden.

Rechts: Von Fennor Castle ist lediglich die Ruine eines später erbauten Herrenhauses übrig geblieben.
Unten links: Eines der vielen einfachen, aber gut proportionierten Gebäude dieses Dorfes aus örtlichem Kalkstein.
Unten rechts: Die katholische Kirche ist eine der wenigen, die in der Zeit zwischen der Reformation und dem Catholic Emancipation Act von 1829 erbaut wurden. Weil das Gesetz einen Glockenturm an einem katholischen Gotteshaus verbot, wurde dieser in einigen Metern Entfernung vom Kirchengebäude errichtet. Nähert man sich dem Dorf von Süden, erblickt man hinter der Brücke über den Boyne eine Häuserreihe, die früher von Beschäftigten der nahen Getreidemühle bewohnt wurde, sowie den Turm der Abteikirche.

Tyrrellspass

(*Baile an Tirialaigh* = Tyrrels Stadt)

WESTMEATH

Die Tyrrells kamen ursprünglich aus Triel in Nordfrankreich. Ebenso wie die anderen anglo-normannischen Familien, die sich nach 1169 in Irland niederließen, wurden die Tyrrells, wie es so schön heißt, „irischer als die Iren". Das war auch der Grund dafür, warum sie ihr Land während des Interregnums von Cromwell verloren. Die Burg, eigentlich ein Turmhaus, am westlichen Ende des Dorfes gelegen, war eines von vielen Besitztümern der Tyrrells in der County Westmeath und konnte dank komplizierter Verhandlungen mit einem von Cromwells Offizieren gerettet werden. Später ging das Gebäude an die Rochforts über, die Earls von Belvedere.

Der Pass ist heute kaum noch als solcher zu erkennen; in früheren Zeiten aber war der schmale Streifen Land, der sich über dem Torfmoor erhob und der es erlaubte, das Moor trockenen Fußes zu überqueren, von größter strategischer Bedeutung. Die *Slí Mor,* eine der fünf großen von Tara (dem Sitz der Hochkönige) ausgehenden Straßen, führte über die Moränen, die hier *eskers* genannt werden. Tyrrell Castle kontrollierte einen Abschnitt dieser Straße, deren Führung die moderne Straße von Dublin nach Galway ziemlich genau folgt. Leider wurden dafür einige der eindrucksvollen *eskers* planiert. Inzwischen sind diese außergewöhnlichen, einzigartigen Gesteinsformationen jedoch offiziell als schützenswert anerkannt.

Die Familie Rochfort hatte, was ihr Verhalten als Landbesitzer anging, einen schlechten Ruf – mit Ausnahme von Jane, Countess von Belvedere (1775–1836). Sie ließ die halbmondförmige Dorfwiese anlegen und veranlasste den Bau einer neuen Kirche, eines Gerichtsgebäudes, einer Schule, eines Waisenhauses und einer Methodistenkapelle. Dem ansonsten sehr traditionell gehaltenen Dorf wurde durch den Stil der neuen Bauwerke eine elegante Note verliehen. Einige dieser öffentlichen Gebäude aus dem 19. Jahrhundert sind inzwischen Privathäuser.

An die Meuterei der Connaught Rangers in Jullundur und Solan im Jahre 1920 erinnert der Grabstein von James Daly auf dem Friedhof von Tyrrellspass. Als sie auf Heimaturlaub waren, erfuhren die Soldaten von den Grausamkeiten, die von den Auxiliary Forces (den *Black-and-Tans*) in Irland begangen worden waren. Um ihrer Betroffenheit darüber Ausdruck zu verleihen, weigerten sie sich bei ihrer Rückkehr nach Indien, an einer Parade teilzunehmen. Daraufhin kamen 69 Männer vor ein Kriegsgericht, das 14 von ihnen zum Tode verurteilte. Alle Todesurteile wurden in Haftstrafen umgewandelt, außer dem von John Daly. Er wurde im Gefängnis von Dagshai exekutiert. Erst 1970 überführte man seine sterblichen Überreste nach Tyrrellspass, wo er endlich seine letzte Ruhe fand.

RECHTS: In Tyrrellspass finden sich mehrere solcher stillen Eckchen, die im herbstlichen Licht besonders verträumt wirken.
GEGENÜBERLIEGENDE SEITE: Obwohl die beiden Bauwerke – St. Sinnach's Church und das frühere Gerichtsgebäude – aus zwei verschiedenen Stilepochen stammen, passen sie doch so gut zusammen, dass sie einen würdigen Rahmen für die Dorfwiese bilden, die Jane, Gräfin von Belvedere, anlegen ließ.

OBEN: Dieses 1760 entstandene Gebäude auf dem Grund von Belvedere House ist unter dem Namen Jealous Wall (Eifersüchtige Mauer) bekannt. Angeblich wurde es gebaut, um das Haus von Lord Belvederes Bruder zu verbergen, der Lady Belvederes Liebhaber gewesen sein soll.

GEGENÜBERLIEGENDE SEITE: Eine weitere Sehenswürdigkeit des Dorfes ist der Holy Well (Heiliger Brunnen) nahe der St. Stephen's Church. Die Dorfbewohner beugten sich jedoch nicht den Verlockungen einer touristischen Kommerzialisierung und bewahrten den Brunnen in seinem ursprünglichen Zustand.

Bars und Geschäfte

Dass die Straßen vieler irischer Dörfer und Städtchen so sympathisch und lebendig wirken, liegt nicht zuletzt an den liebevoll gestalteten Fenstern der Bars und Geschäfte. Sie können so raffiniert sein wie beispielsweise das des Kunstgewerbeladens Crúiscin (Krug) in Roundstone (County Galway) *(oben)*. Das ganze Schaufenster ist eine einzige Illusion, selbst die Katze ist nur gemalt. Andere Fenster vermitteln eine einladende Freundlichkeit und Wärme, wie dieses Fenster eines Pubs *(gegenüberliegende Seite)*.

OBEN LINKS: The Fiddlestone in Belleek (County Fermanagh) ist nach einem Denkmal benannt, das wie ein Stein geformt ist.
OBEN RECHTS: Ein Fleischerladen in Cushendall. In der Provinz Ulster werden die Metzger nicht butcher, *sondern* flesher *genannt.*
RECHTS: Traditionellerweise sind wie hier bei Doyle's in Graiguenamanagh (County Kilkenny) Bar und Krämerladen in gemeinsamen Räumlichkeiten untergebracht.
GEGENÜBERLIEGENDE SEITE, IM UHRZEIGERSINN VON OBEN LINKS BEGINNEND: Im frühen Morgenlicht – Nolan's Bar in Rosscarbery, County Cork; Abendstimmung – Brady's Outfitters in Virginia, County Cavan; We're open: Lena's Lounge Bar in Adare (County Limerick).

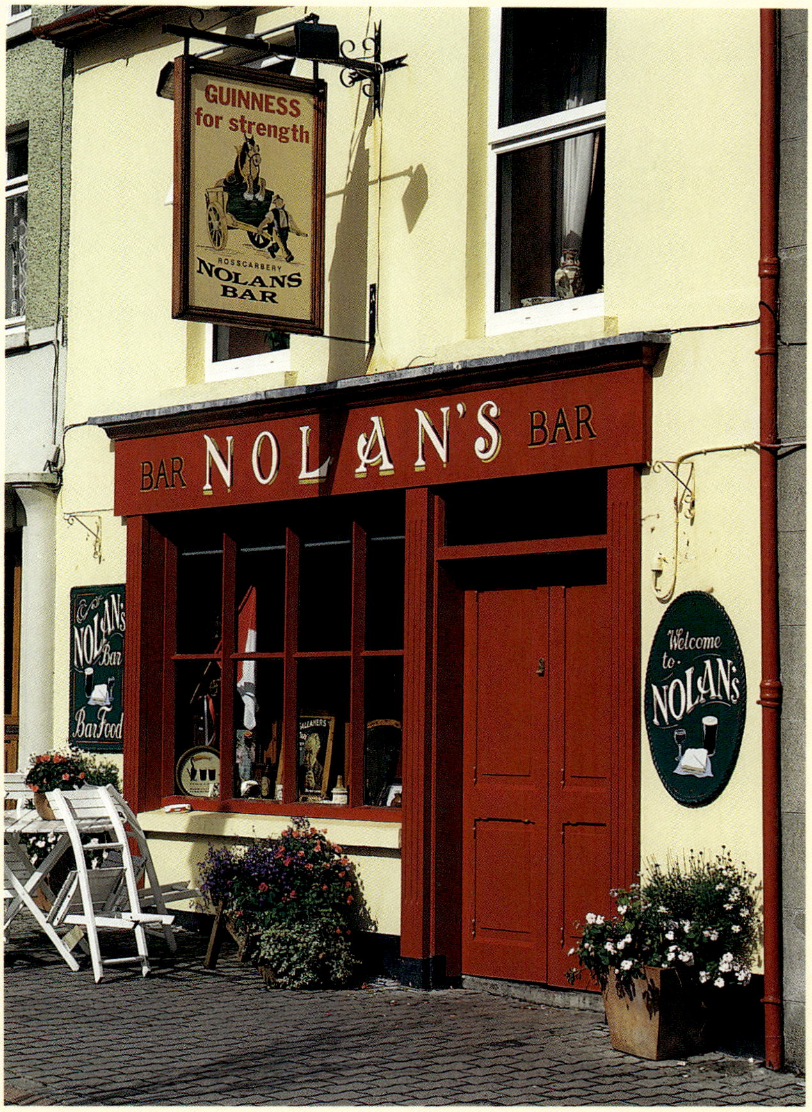
GUINNESS
for strength
NOLANS
BAR
BAR
NOLAN'S
BAR
Welcome
to
NOLAN's

BRADY

KE
LENA'S
LOUNGE BAR

RECHTS UND UNTEN: *Studie in Scharlachrot und Rhapsodie in Blau – Adare (County Limerick).*
GEGENÜBERLIEGENDE SEITE OBEN: *Ob die Waren von Scanlan in Lismore (County Waterford) wohl halten, was seine Schaufenster versprechen?*
GEGENÜBERLIEGENDE SEITE UNTEN: *Ein Geschäft mit dieser farblichen Gestaltung wird wohl kein Kunde übersehen: Joyce's in Graiguenamanagh (County Kilkenny).*

SCANLAN
The Irish Press

JOYCES

Connacht

Unabhängig davon, dass die Grenzen der Provinzen im Laufe der Geschichte immer wieder verändert und erst relativ spät auf ihren heutigen Verlauf festgelegt wurden, besaß Connacht schon sehr früh ein äußerst eigenwilliges Image. Die mythologische Königin Medb von Connacht herrschte über ein Volk, das wegen seiner „tapferen Taten" (Überfälle und Plünderungen), von den Bewohnern anderer Regionen sehr gefürchtet wurde. Dank der Entfernungen, die zwischen dieser Provinz und den Verwaltungszentren lagen, und dank seiner Lage westlich des Flusses Shannon am Atlantischen Ozean konnte Connacht über 800 Jahre lang seine Identität wahren. Als unter Cromwell in allen anderen Provinzen die Landbesitzer enteignet wurden, stellte man sie vor die Alternative, entweder „zur Hölle oder nach Connacht" zu gehen. Das Land dort galt als so unfruchtbar und öde, dass man davon ausgehen konnte, mit den hierher Verbannten keinen weiteren Ärger mehr zu haben.

Die Provinz hat nur fünf Countys: Sligo, Leitrim, Roscommon, Galway und Mayo; die beiden letzten gehören aber zu den größten Irlands. Die wirtschaftliche Entwicklung ging hier langsamer vonstatten als auf der übrigen Insel, erhielt dann jedoch durch die Einrichtung regionaler Flughäfen in Sligo und Galway sowie eines internationalen Flughafens im abgelegenen Knock (County Mayo) neue Impulse. Die Stadt Galway mit ihren stetig wachsenden Industriegebieten, ihren fortschrittlichen Bildungseinrichtungen und ihrer vibrierenden Lebendigkeit ist heute doppelt so groß wie vor 25 Jahren und wird als das am schnellsten wachsende urbane Zentrum der Europäischen Union bezeichnet.

GEGENÜBERLIEGENDE SEITE: Rockfleet Castle am Ufer der Clew Bay ist ein historisches und architektonisches Wahrzeichen der Provinz Connacht. Hier wohnte Gráinne ní Mháille (auch Grace O'Malley), die verschiedentlich als „Königin von Connacht", als „Piratenkönigin" oder – von Sir Philip Sydney – als „ein äußerst berühmter weiblicher Schiffskapitän" bezeichnet wurde. Königin Elisabeth I. beeindruckte sie, indem sie sich von Königin zu Königin an sie wandte.

Die Landschaft bei Ballinafad, besonders das Panorama der Bricklieve Mountains, weckt beim Betrachter unweigerlich das Interesse, mehr von Connacht kennen zu lernen.

OBEN: Die mit einer stattlichen Balustrade versehene Brücke ist eine der Hauptattraktionen dieses Dorfes, das wegen seines architektonischen Reichtums schon fast wie eine kleine Stadt wirkt. Zum Glück ist seine Einwohnerzahl aber so niedrig, dass es in diesem Buch berücksichtigt werden konnte. GEGENÜBERLIEGENDE SEITE: King House, das Schmuckstück von Boyle.

Boyle

(*Mainistir na Búille* = Kloster am Fluss Boyle)

ROSCOMMON

Als Captain Caleb Robertson von Tangier House in der County Roscommon im frühen 19. Jahrhundert die „angehäufte Erde" entfernte, die die Basis von vier massiven Säulen am Fuße des Turmes von Boyle Abbey bedeckte, stellte er fest, dass diese „mit verschiedenen skulptierten Mustern wunderschön geschmückt" waren. Robertson gab seinerzeit auf etwas naive Weise seiner Begeisterung Ausdruck, die besonders jene Menschen empfinden, die bis zu einem solchen Schlüsselerlebnis Ruinen bestenfalls als pittoresken und romantischen Landschaftsschmuck betrachteten. So wie er sollten später noch viele andere Amateurarchäologen unverhoffte Entdeckungen machen – und sich für diese begeistern.

Die Überreste von Boyle Abbey stehen heute unter Denkmalschutz und werden entsprechend gepflegt und erhalten. Das Torhaus ist fachmännisch rekonstruiert worden. Hier ist auch ein großes Modell der umliegenden Gebäude ausgestellt. Boyle wurde ein Jahrhundert nach der Auflösung der Klöster zur Stadtgemeinde erklärt. Auch ohne die religiösen Einrichtungen blieb es ein bedeutender Ort. Es gab einen gut besuchten Bauernmarkt. Auf den Plains of Boyle grasten Viehherden, und die Schafherden der Curlew Mountains jenseits des Boyle lieferten Wolle.

Die Curlew Mountains sind wegen einer grausamen Schlacht berühmt, bei der Sir Conyers Clifford, Gouverneur von Connacht, und ein General Elisabeths I. 1400 ihrer Männer im Kampf gegen Red Hugh O'Donnell verloren, der das Gelände kannte und nur 200 Männer einbüßte. Cliffords enthaupteter Körper wurde in einem Stechginsterstrauch gefunden und den Mönchen von Trinity Island im Lough Key zur Beisetzung übergeben.

Eine Nebenstraße führt am Fluss entlang von der Abtei zum Lough Key. Im Lough Key Forest Park steht das Herrenhaus Rockingham, das von John Nash für die Familie King als besonders stattlicher Landsitz entworfen wurde. 1957 wurde es durch ein Feuer zerstört. Den atemberaubenden Ausblick von seiner Terrasse aus über den See und seine vielen Inseln kann man trotzdem noch genießen. Die Kings oder Stafford-King-Harmanns, wie sie sich später nannten, zogen 1788 aus ihrem Haus im Zentrum von Boyle auf dieses zurückgelegene Gut und überließen das ursprüngliche King House den Connaught Rangers als Kaserne. Später wurde King House eine Zeit lang von der irischen Armee genutzt, dann verfiel es. 1989 ergriff der Roscommon County Council die Initiative und ließ es vollständig renovieren. Die notwendigen Arbeiten übertrug man ortsansässigen Handwerkern, die traditionelle Techniken anwandten. Nun stehen drei Etagen mit Räumen für Ausstellungen zur Verfügung, die die Geschichte der Provinz, der Familie King sowie der militärischen Ereignisse rund um Boyle veranschaulichen. Eine besondere Abteilung ist der Restauration des Gebäudes gewidmet. Roscommon County Library, die öffentliche Bücherei, ist in den Gewölben des Erdgeschosses untergebracht.

Die *Annals of Boyle,* die auf der Nachbarinsel Saints' Island geschrieben wurden, werden heute im Britischen Museum aufbewahrt. Sie beschreiben die Geschichte der Welt, von frühester Zeit an bis zum Jahr 1270. Die *Annals of Lough Key* beginnen ungefähr dort, wo die *Annals of Boyle* enden. Beide Werke stammen aus dem 16. Jahrhundert.

OBEN LINKS: Die körperlose Hand, die den Hirtenstab hält, erscheint als Relief auf einer Steinplatte, die vermutlich zum Grab eines der frühen Äbte der Zisterzienserabtei gehörte.
LINKS UND OBEN RECHTS: Das Spiel von Licht und Schatten betont die Schönheit der Formen.
GEGENÜBERLIEGENDE SEITE: Boyle Abbey wurde 1161 von den Zisterziensern gegründet. Die Abteikirche, deren Turm weitgehend erhalten ist, wurde 16 Jahre später geweiht. Der gesamte Gebäudekomplex veranschaulicht den Übergang von der Romanik zur Gotik. Besonders reizvoll sind die romanischen Bogengänge.

OBEN: Rockingham House, zu dem dieses beeindruckende Torhaus gehörte, existiert leider nicht mehr.
RECHTS: Zum früheren Gut Rockingham, heute ein gepflegter bewaldeter Park, gehörte auch Castle Island im Lough Key. Die Insel war ursprünglich von den McDermotts befestigt worden.

Rechts: Die schlichte irisch-romanische Kirche auf Inishmaan stammt aus dem frühen 20. Jahrhundert. Trockenmauern und einfache ländliche Wirtschaftsgebäude werden hier traditionell aus dem wichtigsten Baumaterial – Naturstein – errichtet. Gegenüberliegende Seite: In Kindheitserinnerungen an die Aran Islands spielen häufig die typischen Steinumfriedungen eine Rolle, innerhalb derer viele Haustiere gehalten werden.

Inishmaan

(*Inis Meáin* = Middle Island)

GALWAY

Die drei Aran Islands liegen in einer schräg zur Bucht von Galway verlaufenden Reihe, so als würden sie versuchen, sich vor Gischt und Wind zu schützen. Wenn sich das Wetter aber ändert und mediterranen Charakter annimmt, dann wirken sie, als würden sie auf türkisfarbenem Glas treiben.

Auf der knapp fünf Kilometer langen und 1,2 Kilometer breiten Insel Inishmaan leben rund 300 Menschen. Viele Fremde sind hierher gekommen, weil sie sich nach dem Klang der irischen Sprache und einer traditionellen Lebensweise sehnten. Douglas Hyde, Autor der *Love Songs of Connacht,* der für die literarische Renaissance des Irischen einflussreichsten Übersetzung aus der Mundart, kam oft, später wurde er der erste Präsident der Republik Irland. William Wilde, der Vater von Oskar Wilde, führte eine britische Forschungsexpedition hierher. Im Jahr darauf veröffentlichte er ein viel beachtetes dreibändiges Werk über die im Museum der Royal Irish Academy aufbewahrten Objekte. Die Inselbewohner sind es gewohnt, von Fremden aus ethnografischem Blickwinkel beobachtet zu werden. Über das beliebte Vorurteil, die Aran Islands seien zuvorderst eine Fundgrube charmant rückständiger Bräuche und seltsamer Sprachfärbungen, machte sich Martin McDonagh in seiner erfolgreichen Komödie *The Cripple of Inishmaan* (1996; Der Krüppel von Inishmaan) lustig.

Der Theaterautor John Millington Synge, der u. a. die Tragikomödie *The Playboy of the Western World* (1907; dt. *Ein wahrer Held,* 1912) schrieb, hat ein einfühlsameres und ausgewogeneres Bild des Lebens auf der Insel gezeichnet. Über das Haus, in dem er gewöhnlich wohnte, schrieb er in seinen Tagebüchern: „Die Küche (…) ist von Schönheit und Vornehmheit erfüllt. Die roten Kleider der Frauen, die sich auf ihren Hockern um das Feuer scharen, verleihen ihr einen beinahe orientalischen Glanz, und die Wände haben von dem Torfrauch einen warmen Brauntton angenommen, der sich mit dem grauen Erdton des Fußbodens vermischt."

Geologisch sind die Aran Islands Teil von Clare. Ebenso wie diese County sind sie reich an Wildblumen und karstigen Kalkformationen, den charakteristisch grauen Steilfelsen, auf denen nur wenige Bäume wurzeln können. Kalkstein überwiegt auch als Baumaterial und verleiht den Häusern ihre unerschütterliche Standhaftigkeit. Die sechs Dörfer von Inishmaan sind eigentlich nur ein Dorf, das verschiedene Namen führt: *Baile an Mhothair* (Das mit Gestrüpp bewachsene Siedlungsland), *Móinín an Rúaige* (Kleiner Sumpf der Rotte), *Baile an Lisín* (Besiedeltes Land des Garth), *Baile an Dúna* (Besiedeltes Land an der Festung), *Baile na Seoigeach* (Joyces Siedlungsland), und *Cinn an Baile* (Spitze des besiedelten Landes).

Oben links: In diesem Cottage auf Inishmaan wohnte der Theaterautor J. M. Synge um die Jahrhundertwende mehrere Sommer hintereinander.
Oben rechts: Die Kirche der Insel schmückt ein Máire Maigdilin (Maria Magdalena) gewidmetes Buntglasfenster.
Rechts: In diesem ruhigen Dorf ist das Fahrrad das wichtigste Fortbewegungsmittel geblieben.
Gegenüberliegende Seite: Wie ein Netz überziehen die Trockenmauern das Land.

Newport

(*Baile an bhFhiacháin* = Stadt der Raben)

MAYO

OBEN: Romantisch und geheimnisvoll – Blick durch ein Tor der Ruine von Burrishoole Abbey auf den Burrishoole Channel. Die Abtei wurde 1486 von Dominikanern gegründet.
RECHTS: Newport Bay liegt in der Clew Bay.

Der Hafen an der Mündung des Flusses Oak, der den Beltra Lough und damit einen großen Teil des zentralen Mayo entwässert, war lange Zeit der wichtigste Hafen der County, bis ihm im 19. Jahrhundert Westport den Rang ablief. In früherer Zeit stand hier eine Siedlung um die Dominikanerabtei Burrishoole. Heute existiert nur noch eine melancholisch anmutende Küstenruine, in der die Geister jener ehemaligen Bewohner, die 1653 von Cromwells Soldaten ermordet wurden, ruhelos umgehen. Im humaneren 18. Jahrhun-

dert wurde in gut drei Kilometern Entfernung von einem gewissen Captain Pratt der *new port,* der „neue Hafen", angelegt. Pratt gründete außerdem eine Leinenfabrik, die von eingewanderten Quäkern geführt wurde, aber nur kurze Zeit Gewinn bringend arbeitete. Hafen und Dorf blühten trotzdem auf. Der Ort war hübsch und auch günstig gelegen. Sein irischer Name ging auf den Umstand zurück, dass hier Raben nisteten. Der irische Name fiel jedoch ebenso der Vergessenheit anheim wie – zum Glück – jener Name, den Captain Pratt bevorzugt hätte: New Port Pratt.

Die Kais wurden gegen Ende des gleichen Jahrhunderts von James Moore im Auftrag der Gutsbesitzerfamilie Medlicott angelegt. Nach Moores Tod verkauften die Medlicotts ihre Güter an die O'Donnells. In dieser Zeit erlebte das Dorf einen seiner schwärzesten Tage. Der Geistliche Manus Sweeney wurde angeklagt, die Franzosen bei dem im vorhergegangenen Jahr ausgebrochenen Aufstand unterstützt zu haben, und am 9. Juni 1799 vor den Augen der Marktbesucher gehängt. Sir Neil O'Donnell sagte gegen ihn aus und machte sich damit ein für alle Mal zum bösesten Bösewicht aller Geschichten, die sich um dieses Geschehnis ranken.

Die größten Wohltäter Newports im frühen 20. Jahrhundert waren Martin Carey, ein ortsansässiger Kaufmann, und ein Pfarrer, Kanonikus Michael McDonald. An Mr. Carey erinnert die St. Patrick's Church, 1912 nach den Plänen von R. M. Butler im Stil der „keltischen Renaissance" erbaut. Dieser Stil basierte auf dem irisch-romanischen Stil des 13. Jahrhunderts, abgemildert durch den vereinfachenden Einfluss der Moderne. Bei der Fassadengestaltung orientierte man sich an der Vorhalle der Kathedrale von Clonfert. Das östliche Drillingslanzettfenster, das heute als größtes Meisterwerk des irischen Buntglaskünstlers Harry Clarke gilt, bezahlte Michael McDonald mit der ausgezahlten Summe seiner Lebensversicherung.

Einen der schönsten Ausblicke auf den Fluss bei Newport hat man vom Viadukt aus. Über den richtigen Namen des Flusses herrscht auch heute noch Uneinigkeit: Historiker, Kartenzeichner, Autoren von Reiseführern und Einheimische nennen ihn abwechselnd Brown Oak (Braune Eiche), Black Oak (Schwarze Eiche) oder einfach Newport.

Bei sonnigem Wetter kommen die reizvollen Details von Newport noch besser zur Geltung. Das Denkmal erinnert an Ned Lyons, einen Helden des Unabhängigkeitskrieges.

Oben links: *Ein alter Anker – Relikt aus der Zeit, als Newport ein wichtiger Hafen war.*
Oben rechts: *In Dörfern wie Newport, wo alle Häuser nur wenige Stockwerke haben, wirken Kirchen wie St. Patrick's Church auch heute noch besonders eindrucksvoll.*
Rechts: *Das Viadukt der stillgelegten Bahnstrecke verläuft parallel zur Straßenbrücke.*
Gegenüberliegende Seite: *Das Drillingslanzettfenster von Harry Clarke stellt das Jüngste Gericht dar und wurde 1927 in Auftrag gegeben. Die komplizierten Muster und die brillante Farbkomposition kommen morgens, wenn die Sonne aufgeht, am besten zur Geltung.*

Rosses Point

(*Ros Ceite* = Flaches Kap)

SLIGO

Rosses Point ist in Irland, aber auch außerhalb der Insel, ein bekannter Name. Wer zum ersten Mal herkommt ist überrascht, wie klein das Dorf ist. Es hat weniger als tausend Einwohner. Doch wie kann es dann so berühmt sein? Auf diese Frage gibt es nicht nur eine, sondern zwei Antworten: Der Sligo Yacht Club organisiert seit 1822 Regatten, im Sommer in der Sligo Bay, im Herbst und Frühling auf dem Lough Gill. Und der County Sligo Golf Club zieht seit 1894 mit seinem außergewöhnlichen, zwischen Strand und Berg gelegenen Golfplatz Spieler aus aller Welt an.

Lange bevor derartige Formen des Zeitvertreibs in Mode kamen, war Sligo Bay bereits den Kapitänen von Handelsschiffen bekannt, die vor Rosses Point Lotsen an Bord nahmen, um den gefährlichen Kanal zwischen Coney Island und Deadman's Point und anschließend die Fahrt den Fluss Garvogue hinauf bis Sligo Quay unbeschadet zu überstehen. Ein Heimathistoriker wies nach, dass Ende des 19. Jahrhunderts durchschnittlich 500 Schiffe im Jahr zwischen Sligo, Nordamerika, dem Mittelmeer und den Häfen am Schwarzen Meer verkehrten. Der Verkehr ist heute lange nicht mehr so stark wie früher, aber die Lotsen von Rosses Point gehen nach wie vor ihrer traditionsreichen Tätigkeit nach.

Unter den großen Reedern von Sligo war auch William Pollexfen, der Großvater des Dichters William Butler Yeats und des Malers Jack Yeats. Die Yeats-Kinder verbrachten häufig ihre Ferien bei den Großeltern; Jack blieb immer am längsten. Die Jungen besuchten auch ihre Verwandten in Middleton, die Müller und Landbesitzer waren und zuerst in Elsinore und dann in Bawnmore Lodge in Rosses Point lebten. Onkel George Pollexfen wohnte in Moyle Lodge, und William Pollexfen übernahm für einige Zeit Elsinore. Großtante Mary Yeats residierte in Seaview.

Rosses Point ist von Jack Yeats auf einigen Dutzend seiner Zeichnungen verewigt, die das Leben an Kais und Molen zeigen. Auch auf mehreren hervorragenden Gemälden wird die Atmosphäre des Ortes heraufbeschworen, unter anderem durch das faszinierende Bild *Memory Harbour*. In den Gedichten von W. B. Yeats finden sich zahlreiche Anspielungen auf Rosses Point, Cumeen Strand, Lisadell und Drumcliffe sowie die beiden magischen Berge, Knocknarea und Ben Bulben. Wenn also die Bibliotheken und Kunstgalerien der Welt so viele literarische und visuelle Zitate enthalten, die sich auf Rosses Point beziehen, ist es wirklich kein Wunder, dass der Ruhm des Dorfes weit über seine sandigen Strände hinaus reicht.

Die Sligo Bay erstreckt sich von Strandhill nach Rosses Point. Rechts der baumlose Ben Bulben, der Berg, an dessen Fuße W. B. Yeats begraben liegt.

TIE'S
Heineken
MELROSE
LODGE

Bei einem Spaziergang durch die Straßen und Gassen von Rosses Point kann man viele hübsche Ecken und Ansichten entdecken.

DIESE DOPPELSEITE: *Rosses Point scheint im Zeitalter des Massentourismus als Familienurlaubsort noch beliebter zu sein als früher. Das mag an der großen Anzahl komfortabler Cottages liegen, die man mieten kann, aber auch an den historischen Bauten wie der Drumcliffe Church. Vielleicht sind aber auch die Strände und die weitläufigen offenen Flächen an der Sligo Bay dafür verantwortlich. Das Foto* (rechts) *zeigt einen Blick über die Bucht und Lissadell Strand von Deadman's Point aus gesehen.*

FOLGENDE DOPPELSEITE: *Lissadell House ist eine besondere Attraktion. Die Ausstellungsstücke erinnern an das Leben und Wirken der überaus tatkräftigen und talentierten Mitglieder der Familie Gore-Booth, zu der Kolonialbeamte und Forscher gehörten. Constance (1868–1927) war Malerin und eine führende Widerstandskämpferin, Eva (1870–1926) war Dichterin und Sozialreformerin.*

KENT'S PATENT

L INKS: Die Galway Hookers, die traditionell auf den Seen Connemaras eingesetzten Boote, waren schon so gut wie von der Bildfläche verschwunden, als der Dichter Richard Murphy eine Kampagne ins Leben rief, mittels derer es gelang, wenigstens ein paar von ihnen zu retten. In Roundstone findet jetzt jedes Jahr eine Regatta statt.
GEGENÜBERLIEGENDE SEITE: Am Hafen mussten einige alte Häuser einem in den 1990er Jahren errichteten Wohnkomplex weichen.

Roundstone

(*Cloch na Rón* = Siegelstein)

GALWAY

Roundstone, das in Reiseführern als Inbegriff des traditionellen irischen Küstendorfes beschrieben wird, wurde in Wirklichkeit von einem schottischen Ingenieur erbaut, und zwar im Rahmen eines Regierungsprogramms zur Bekämpfung der Armut in einem Gebiet, in dem in weitem Umkreis weder Städte noch Dörfer existierten. Der Name Roundstone verrät eigentlich schon, dass dies kein gewachsenes irisches Dorf ist, denn obwohl es Alexander Nimmo und seinen Mitarbeitern gelang, *cloch* korrekt mit „Stein" zu übersetzen, so scheiterten ihre linguistischen Kenntnisse doch an *rón*, das zwar so ähnlich klingt wie *round* (rund), tatsächlich aber „Siegel" bedeutet. Und diese Siegelsteine tauchen auch immer wieder und in größerer Zahl aus dem wellenbewegten Wasser auf.

Nimmo kam 1822 aus Perthshire und arbeitete als Landvermesser und Ingenieur der Western Districts. Er war für den Bau der meisten Straßen in Connemara verantwortlich, ebenso für die meisten Piers und Dämme. Auf der nördlichen Seite von Bertraghboy Bay hatte es eine Kaianlage gegeben, die von den Bewohnern der kleinen Inseln angesteuert wurde. Nimmo entwarf einen schönen Hafen, der jetzt an dieser Stelle liegt und als Postkartenmotiv sehr beliebt ist. Er kaufte kleine Grundstücke und ermutigte schottische Fischer dazu, sich hier niederzulassen und eine Fischindustrie aufzubauen. Doch dabei handelte es sich um Bewohner des schottischen Tieflands, die englisch sprachen. Als die irische Regierung hundert Jahre später bei der Verteilung von sozialen Förderungsmaßnahmen *Gaeltachtaí* (irischsprachige Bezirke) bevorzugte, ging Roundstone leer aus.

Im Jahre 1832 wurde eine katholische Kirche gebaut. Der Franziskanerorden richtete eine Schule ein. Zehn Jahre später entstand eine protestantische Schule. Bis zur Mitte des 20. Jahrhunderts aber war Roundstone nicht gerade das, was man einen aufstrebenden Ort bezeichnen würde. Dann entdeckten immer mehr Sommergäste, dass es hier aufregend dramatische Landschaften gab, weiße Badestrände, Wanderwege in den Bergen und interessante Pflanzen und Tiere.

William McCalla, der Sohn eines schottischen Siedlers, der Roundstones erster Gastwirt wurde, entdeckte eines Tages sein Interesse an Wildpflanzen und führte bald angereiste Botaniker durch die Umgebung seines Dorfes. Er starb während einer der Choleraepidemien, die auf die Große Hungersnot (1845–1849) folgten. Zuvor aber war ihm vergönnt, die seltene Erika-Art *Erica mackaiana* zu entdecken, die so zu seinem eigentlichen Denkmal wurde, wenngleich Botaniker aus aller Welt in Gedenken an ihn auch sein Grabmal besuchen.

Die Schriftstellerin Kate O'Brien (1897–1974) lebte eine Zeit lang in einem alten Haus, das sie The Fort nannte. Wie die meisten ernsthaften Autoren ihrer Generation musste sie erleben, dass ihre Bücher in den 1930er und 1940er Jahren von der Zensur verboten wurden. Heute aber stehen sie wieder in den Regalen der Buchläden und Bibliotheken.

STOP
LUNCHES
M.S.K. de
GROCER

Hinter Roundstone erhebt sich Errisbeg Mountain. Doch zwischen Roundstone und Ballinahinch hält Connemara noch weitere malerische See- und Bergansichten bereit.

Die bunten Dörfer

Für die in der zweiten Hälfte des 20. Jahrhunderts aufgetretene Begeisterung, Fassaden bunt anzustreichen, gibt es wohl mehrere Gründe: Es war eine Reaktion auf die Tristesse der ersten Nachkriegszeit, ein Ausdruck der erfolgreichen Bemühungen der Dorfverschönerungskomitees, und ein Zeichen für den wirtschaftlichen Aufschwung. Die Farben der Fassaden reichen von den Ocker- und Beigetönen in Ulster bis hin zu dem zarten Blauton im Westen Irlands. Heute finden sich überall Gebäude in exotischen Farben, vor allem im Südwesten der Insel, wo es sogar Wettbewerbe um die schönsten *Painted Villages* gibt – wie hier in Castletownbere *(oben und gegenüberliegende Seite).*

Die ständig erneuerten bunten Hausanstriche sind Ausdruck von Lokalpatriotismus, sollen Besucher beeindrucken und künden zweifellos auch von künstlerischen Ambitionen, vor allem, wenn sich die den Pinsel führende Hand nicht auf das Anstreichen beschränkt, sondern sich auch an figürliche Darstellungen wagt: Rosses Point (rechts), *Castletownbere* (unten), *Rosscarbery* (unten rechts). *Die Bewohner von Bantry durchleben offensichtlich gerade eine „Blaue Periode"* (gegenüberliegende Seite).

LINKS UND UNTEN: In manchen Dörfern, wie hier in Allihies und Eyeries in West Cork, werden leer stehende Häuser in leuchtenden Farben gestrichen, um sie lebendiger erscheinen zu lassen.
GEGENÜBERLIEGENDE SEITE OBEN UND UNTEN LINKS: Die Gebäude von Eyeries (County Cork) wurden 1997 für die Aufnahmen der Verfilmung von Deirdre Purcells Roman Falling for a Dancer *(dt. Nur ein kleiner Traum, 2000), der in den 1930er Jahren spielt, eigens in gedeckteren Tönen gestrichen.*
GEGENÜBERLIEGENDE SEITE UNTEN RECHTS: In Bantry zeigt man Mut zu immer neuen Farbkombinationen.

Heineken Lager
Heineken
Premium Quality

Munster

Clare, Cork, Kerry, Limerick, Tipperary und Waterford sind die sechs Countys von Munster. Die Countys wurden nach dem Vorbild der englischen *shires* (Grafschaften) unter Elisabeth I. in Irland als Verwaltungseinheiten eingeführt und entsprechen heute der Aufteilung der Wahlkreise. Auf der Basis der Countys organisiert die Gaelic Athletic Association auch die Wettkämpfe in den irischen Nationalsportarten Gaelic Football und Hurling. Obwohl ganz Irland in Countys unterteilt ist, identifizieren sich die Bewohner der Provinz Munster am stärksten mit ihrer jeweiligen County – und mit deren Mannschaften. Die Leistungen der Footballspieler von Kerry oder der Hurlers von Tipperary werden von den Zuschauertribünen aus oder vor dem Bildschirm mit Spannung verfolgt, besonders, wenn es sich um die County Finals handelt; von diesen geht es dann weiter in die Finalspiele der Provinzen, deren Sieger schließlich im Croke Park Stadion in Dublin bei den All-Ireland Finals gegeneinander antreten. In den Städten Munsters erinnern auch die County Hospitals an das eingeführte Verwaltungssystem: Als sich der irische Staat nach seiner Gründung des Gesundheitswesens annahm, bekam jede County ein neues, strahlend weißes Allgemeines Krankenhaus mit Flachdächern und Fensterrahmen aus Stahl, ganz im modernen Stil der 1920er Jahre, das auffallend schlecht zu den übrigen Gebäuden der Orte passte. Die drei Großstädte von Munster sind: das liebliche, freundliche Cork, dessen Zentrum sehr romantisch auf einer Insel zwischen Kanälen liegt; Waterford mit seinen schönen öffentlichen Gebäuden im klassizistischen Stil und seiner berühmten Glasindustrie; und Limerick am Fluss Shannon, dessen arg heruntergekommene mittelalterliche und georgianische Stadtviertel jetzt endlich renoviert werden.

Nach dem Regen – eine Landschaft in Munster. Inzwischen dürfte bekannt sein, dass am Ende des Regenbogens ein Topf voller Gold in der Erde verborgen liegt und auf diejenigen wartet, die ihn schnell ausgraben, bevor der Regenbogen verblasst.

Der Fluss Kenmare fließt durch ein raues, aber schönes Land: die Halbinsel Beara (County Cork, westliches Munster).

Adare

(*Ath Dara* = Eichenfurt)

LIMERICK

Den landschaftlichen Reichtum der County Limerick könnte man mit dem Reichtum und der Ausdruckskraft der irischen Sprache vergleichen, wie sie in der Dichtung des 18. Jahrhunderts aus der Gegend um Adare vorkommt. In dieser Zeit entstand eine Schule von Dichtern, bekannt als *Filí na Máighe* (Poeten des Flusses Maigue). Seán 'An Ghrinn'O Tuama war ihre treibende Kraft. *Grinn* heißt „scharf", und es wird erzählt, dass die Dichter am Maigue die Erfinder der Limericks waren, der ironischen kleinen Nonsensgedichte; in Wirklichkeit ist dies aber ziemlich unwahrscheinlich, da die von Edward Lear populär gemachten Limericks ein anderes Versmaß besitzen.

Auch an Gebäuden unterschiedlichster Stilrichtungen ist Adare reich. Das so genannte Desmond Castle, das die Desmonds im 16. Jahrhundert nur für eine kurze Zeitspanne bewohnten und das eigentlich der Sitz der Fitzgeralds war, sowie das Franziskanische Kloster sind heute nur noch beeindruckende Ruinen, die sich über den Ufern des Maigue erheben. Es war der 2. Earl von Dunraven, der sich nicht nur des Dorfes annahm, sondern 1807 auch die ehemalige Augustinerabtei renovieren und deren Kirche zum Gotteshaus der Church of Ireland umbauen ließ. Drei Jahre später veranlasste er den Wiederaufbau der zerstörten Trinitarian Priory aus dem 13. Jahrhundert, die fortan als katholische Pfarrkirche genutzt wurde. Dieses Gebäude beherrscht den Ortskern: ein herrliches und erstaunlich großes Denkmal früher religiöser Toleranz, und ein Denkmal, das für den schonenden und konservierenden Umgang mit historischen Bauten steht.

Der 2. Earl von Dunraven ließ ferner jene zwei Gruppen schilfgedeckter Cottages bauen, denen Adare seinen idyllischen Charakter verdankt – und seinen Erfolg als Zielort des Massentourismus. Doch der tägliche Zustrom von Besuchern wird mit diskreter Routine bewältigt. Der Parkplatz liegt hinter Weißdornhecken verborgen, neben der County Library ist ein Visitor Centre eingerichtet. In der Library kann ein Exemplar der inzwischen seltenen *Memorials of Adare* eingesehen werden, die Caroline, Countess von Dunraven, schrieb, und in denen die Begeisterung der Autorin für lokale Geschichte und Geografie zum Ausdruck kommt, die sie mit ihrem Gatten teilte.

Der frühere Sitz der Dunraven, das Tudor Revival Adare Manor, ist heute ein Hotel. Das Herrenhaus, mit dessen Bau 1832 begonnen wurde, ersetzte ein älteres georgianisches Gebäude. Es wurde 1876 von P.C. Hardwick aus Limerick und A.W. Pugin aus London fertig gestellt. Die Gebrüder Pain aus Cork entwarfen die eindrucksvolle Long Gallery.

Ein besonderes Charakteristikum von Adare ist, dass spätere Generationen das im frühen 19. Jahrhundert entstandene Stadtbild respektiert haben und noch heute respektieren: Auch die Wohnbauprojekte unserer Tage sind um Harmonie mit dem Bestehenden bemüht.

RECHTS: Nicht ganz so eindrucksvoll, aber trotzdem sehr ansprechend sind die schiefergedeckten Häuschen im Ortskern von Adare.
GEGENÜBERLIEGENDE SEITE: Adare Mansion ist der frühere Sitz der Familie Dunraven. Zwar arbeiteten auch einige Architekten an den Plänen, den wichtigsten Teil der Entwürfe aber lieferte der 2. Earl. Ausgeführt wurden die Arbeiten unter der Leitung von James Connolly, einem ortsansässigen Steinmetz.

OBEN: Die Trinitarian Abbey dient heute der katholischen Gemeinde als Pfarrkirche.
RECHTS UND GEGENÜBERLIEGENDE SEITE: Die hübschen Cottages mit ihren traditionellen Schilfdächern geben Adare sein spezielles Flair. Der 2. Earl und die Countess von Dunraven nahmen sich im frühen 19. Jahrhundert des Dorfes und seiner Bewohner an. Für den Baustil der Häuser ließen sie sich von westenglischen Dörfern inspirieren.

Unten: Die Ruine von Adares Franziskanerkloster. Mit dem Bau der Hauptgebäude wurde 1464 begonnen. Bereits zwei Jahre später waren sie fertig gestellt. Heute umgibt ein Golfplatz das Kloster.
Gegenüberliegende Seite: Die Gottesdienste der Church of Ireland finden jetzt in der früheren Augustinerabtei statt. Die Kirche ist sehr gut erhalten und birgt eine große Anzahl von faszinierenden Schätzen, die aus einem Zeitraum stammen, der vom 14. Jahrhundert bis in die Gegenwart reicht.

JOHN WALTER DOHERTY

OBEN: *Industrieruinen auf der Halbinsel Beara. Die Gebäude gehörten einst zu den Kupferminen von Allihies.*
GEGENÜBERLIEGENDE SEITE: *In Allihies, das heute aus weniger als zwanzig Häusern besteht, lebten früher Tausende von Bergarbeitern mit ihren Familien.*

Allihies

(*Aillighthe* = Ort der Klippen)

CORK

In vorgeschichtlicher Zeit wurde in den Klippen von West Cork Kupfer abgebaut. Die ersten Bergmänner sollen in natürlichen Höhlen große Feuer entzündet haben. Wenn auf den aufgeheizten Fels Wasser gegossen wurde, brach das Quarz aus. Mit Steinen aus dem Meer hämmerte man dann auf das Quarz ein, anschließend wurden die Kupferkörnchen ausgewaschen. Ein Kupferfund, den ein gewisser Colonel Hall aus Glandore auf seinem Grundstück machte, veranlasste ihn, in anderen Teilen der County nach reicheren Vorkommen zu suchen. In Allihies stieß er zwar auf Spuren, besaß aber nicht die Mittel, den Abbau durchzuführen. Von 1812 an beuteten stattdessen Mitglieder der wohlhabenden, in der Nähe lebenden Familie Puxley das Vorkommen aus.

Trotz dieser Vorgeschichte sieht Allihies nicht wie ein Industrieort aus. Schon das Panorama aus Berg, Klippen und Strand lässt an wesentlich harmlosere Dinge denken. Auch die Mühen der Vergangenheit sind dem Dorf nicht mehr anzusehen. Im 19. Jahrhundert zählten die Bergwerke der Region zu den ergiebigsten Irlands. Über tausend Menschen arbeiteten damals hier im Bergbau und förderten jährlich mehr als 5000 Tonnen Erz. Im Laufe des 20. Jahrhunderts wurden die Bergwerke jedoch zunehmend unrentabel.

Relativ früh wurden Bergarbeiter aus Cornwall angesiedelt, um die Einheimischen anzulernen. Die Überreste des *Cornish Village* sind am Berghang noch sichtbar, ebenso die protestantische Kirche, in der die Einwanderer ihre Gottesdienste abhielten. Die Unzufriedenheit der Arbeiter, Hunger und Cholera hatten eine geringere Förderleistung zur Folge, und die Entdeckung von Kupfer in Montana in den 1880er Jahren führte zu einer Massenauswanderung. Viele der wohlhabendsten Familien von Butte in Montana stammen von Bergarbeitern aus Allihies ab. Einige der Auswanderer kehrten 1914 zurück, weil sie glaubten, in Allihies gäbe es noch größere ungenutzte Vorkommen, aber ihre Versuche, den Bergbau wieder zu beleben, blieben erfolglos. Heute wohnen weniger als 200 Menschen in dem beschaulichen Dorf.

Allihies und seine nächsten Nachbarn Ardgroom und Eyeries an der Nordküste der Halbinsel Beara sind unter den Dörfern von Cork und Kerry wegen ihrer Farbigkeit bekannt. Die Einwohner streichen ihre Häuser in leuchtenden Farben, die dem Ortsbild zu allen Jahreszeiten eine fröhliche Atmosphäre verleihen.

Castletownsend

(*Baile an Chaisleáin* = Burgstadt)

CORK

Diese außergewöhnliche anglo-irische Enklave hat den Weg in eine demokratischere Welt größerer Gleichberechtigung nicht nur unbeschadet überstanden, sondern davon erheblich profitiert. Alten Fotos und auch der Meinung seiner Bewohner zufolge sieht das Dorf heute sogar noch wohlhabender und gepflegter aus als in den Zeiten der Fuchsjagden von West Carbery, der Tennis-Partys auf den Rasenflächen der herrschaftlichen Häuser und der Regatten in Castle Haven.

Die vier vornehmsten Familien am Ort sind die Townsends, die dem Dorf seinen Namen gaben, die Chavasses, die Coghills und die Somervilles. George Bernard Shaw heiratete 1898 die in The Castle wohnende Charlotte Payne Townsend. Er nannte sie „meine irische Millionärin". Pikanterweise waren beide Sozialisten. Der Pfarrer Claude Chavasse veröffentlichte im frühen 20. Jahrhundert eine Anzahl viel beachteter biblischer Studien. Captain Nevill Coghill wurde 1879 nach der Schlacht von Isandalhwana mit dem Viktoriakreuz, dem höchsten britischen Tapferkeitsorden, ausgezeichnet, und Professor Nevill Coghill, der am Exeter College in Oxford lehrte, veröffentlichte 1951 seine kongeniale Übersetzung von Chaucers *Canterbury Tales*.

Edith O.E. Somerville half ihrer Cousine Violet Florence Martin dabei, sehr erfolgreich satirische Geschichten zu schreiben, in denen sie sich mit ihrer eigenen Gesellschaftsschicht auseinandersetzten und die zwischen 1899 und 1908 erschienen *(Some Experiences of an Irish R. M.)*. Zudem schrieben die beiden Damen Romane, die ihre Verwandten jedoch als „zu französisch" ablehnten. Das Denkmal für Miss Somerville (in der Kirche St. Barrahane zu besichtigen) ist mit gekreuzten Federn und einem Jagdhorn verziert, denn sie war auch Master bei Fuchsjagden. Die Symbole auf den Grabmälern anderer Familienmitglieder sind meist militärischen und nautischen Charakters. Obwohl sie den englischen Kolonialisten gehörten und von ihnen bewohnt wurden, blieben die Häuser des Ortes im Unabhängigkeitskrieg verschont.

Als Castle Haven den O'Driscolls genommen und Colonel Richard Townsend, einem Abgeordneten im „Langem Parlament" Karls I., übergeben wurde, hatte es bereits eine wechselvolle Geschichte hinter sich. Eine der kleinen Buchten war seit frühester Zeit als *Leaba na Luinge* (Bett des Schiffes) bekannt, als sichere Anlegestelle also. 1601 fand hier eine Seeschlacht zwischen den Engländern unter Admiral Levison und den Spaniern unter Pedro de Zuibar statt. Die Engländer unterlagen. Doch das Schlachtenglück der Spanier, die auf Seiten der Iren kämpften, sollte nicht allzu lange währen, denn Zuibar war auf dem Weg zu jener Schlacht, in der das Schicksal Irlands besiegelt wurde: der Schlacht von Kinsale.

Die Bewohner eines Hauses an der Hauptstraße von Castletownsend haben die Fahne des Footballteams von Cork gehisst. Die Straße stellt wegen ihrer Steigung selbst für moderne Fahrzeuge eine Prüfung dar. Welche Schwierigkeiten die Kutschpferde und Ponys in der Vergangenheit mit der Bewältigung dieser Steigung hatten, kann man nur erahnen.

LIEUT. COLONEL HENRY FITZJOHN TOWNSHEND
MARY G. TOWNSHEND

OBEN LINKS: Das Sundial House (Sonnenuhr-Haus) war früher das Rathaus. Es wurde 1906 mit Spenden der Dorfbewohner und der Grundbesitzer errichtet.
OBEN RECHTS: Shana Court, heute ein Privathaus, wurde 1725 als Zollhaus gebaut. Die Schmuggelware wurde in den Kellern zwischengelagert.
LINKS: Das Mosaik im Stil der „keltischen Renaissance" in der St. Barrahane's Church wurde von Edith O. E. Somerville zum Gedenken an ihre Cousine Violet Florence Martin entworfen. Die gemeinsam geschriebenen Geschichten erschienen unter dem Pseudonym Martin Ross.
GEGENÜBERLIEGENDE SEITE: Verborgene Gärten und stille Winkel hinter den Häusern von Castletownsend, von denen so manch eines Geheimnisse zu bergen scheint.
FOLGENDE SEITE LINKS: Castle Haven war Schauplatz tollkühner Schmuggelaktionen, eines Seegefechtes und sportlicher Regatten.
FOLGENDE SEITE RECHTS: St. Barrahane's Church wurde 1826 nach Plänen von James Pain aus Cork erbaut. Die Mitglieder der vornehmen Familien aus der Umgebung liegen hier begraben.

Dunmore East

(*Dún More* = Große Festung)

WATERFORD

In Irland gibt es viele Dunmores. Und um die Verwirrung noch zu steigern, trägt dieses die Richtungsangabe *East* (Ost), obwohl es wesentlich weiter östlich auch noch andere Dunmores gibt. Läge das Dorf auf dem östlichen Ufer der knapp fünf Kilometer breiten Flussmündung, die Waterford Harbour genannt wird, dann gäbe es für den Namen eine logische Erklärung. Tatsächlich aber liegt Dunmore East an dessen westlicher Seite. Das Dorf selbst ist so eigenartig wie sein Name, denn an seiner kurvigen Straße, die dem Verlauf von Ufer, Klippen und Bucht folgt, leben Menschen unterschiedlichster sozialer Herkunft in entsprechend unterschiedlichen Behausungen.

Alteingesessene Fischer wohnen neben Aktenkoffer tragenden Pendlern aus Waterford. Frühere Sommergäste haben hier ihren Alterssitz bezogen und stoßen nun ihrerseits immer wieder auf die hektischen Wochenendgäste von heute. Welche Spannungen bei den Begegnungen dieser bunten Gesellschaft im Postamt, bei Bootsausrüstern oder in der Fishermen's Hall entstehen, kann man nur erahnen! Für den zufälligen Besucher aber wirkt alles so heiter und friedlich wie die Bucht und ihre Pier an einem ruhigen Maimorgen.

Bevor die Regierung beschloss, hier eine Anlaufstelle für das Postboot aus Milford Haven einzurichten, existierte Dunmore East im Grunde nicht – abgesehen von einer Ansammlung von Fischerhütten am Strand und der Festungsruine, die dem Ort seinen Namen gab. Alexander Nimmo (siehe S. 128) stellte fest, dass die von Sandbänken freie Bucht für die Anlage eines Hafens besonders geeignet sei. Der Hafen, dessen Bau von 1815 bis 1823 dauerte, war nur eine kurze Zeit gut besucht. Technologische Fortschritte im Schiffbau führten dazu, dass die Schiffe größer wurden und ab den 1830er Jahren in Waterford anlegten. Zeitgleich entwickelte sich in Dunmore East eine beachtliche Fischindustrie. Und bereits 1837 wurden, wie der Historiker Samuel Lewis feststellte, die ersten Cottages an Touristen vermietet.

Der Hafen wurde in den 1960er Jahren beträchtlich erweitert und entwickelte sich zum Stützpunkt einer der größten Fischereiflotten in der Europäischen Union. Zahlreiche Cottages stehen heute für Urlaubsgäste bereit. Einige von ihnen sind konventionelle Häuschen, denen man einfach üppige Schilfdächer übergestülpt hat. Zudem gibt es Gästehäuser und drei Hotels. Eines der Hotels, The Haven, war einst der Wohnsitz der Malcolms, einer Kaufmannsfamilie aus Waterford, die J. S. Mulvany, den Architekten des National Yacht Club im damaligen Kingstown, damit beauftragt hatte, dieses Landhaus für sie zu entwerfen.

Die umbrafarbenen Sandsteinklippen, die leuchtend grünen Felder, die zahlreichen versteckten kleinen Buchten mit ihren Sandstränden und die schaumgekrönten Wellen, deren Farbe im Spiel des Lichts von Onyx zu Opal und Saphir wechselt, wurden in unvergesslicher Weise von der Malerin Norah McGuinness auf der Leinwand festgehalten. Die Künstlerin war Mitbegründerin der Irish Exhibition of Living Art. Im Jahr 2000 wäre sie hundert Jahre alt geworden.

OBEN: Die Bewohner von Dunmore East bleiben dem traditionellen Architekturstil treu. Alte Häuser wie dieses sind Vorbild für Neubauten. GEGENÜBERLIEGENDE SEITE: *Trotz einer Reihe von Erweiterungen und Veränderungen, die am Hafen von Dunmore East vorgenommen wurden, konnte der alte Leuchtturm, der die Gestalt einer dorischen Säule hat, erhalten werden.*

Rätsel der Baugeschichte: Die schilfgedeckten Cottages sind jüngeren Datums, während die moderner wirkenden schiefergedeckten Reihenhäuser zum historischen Teil des Dorfes gehören.

Hausansichten von Dunmore East in der normannischen Baronie Gaultier.

Glengariff

(*Gleann Garbh* = Raues Tal)

CORK

Der irische Schriftsteller William Makepeace Thackeray fragte sich 1843, warum Touristen, die sich für malerische Szenarien begeisterten, bis an den Rhein und in die Sächsische Schweiz reisten, wo sie doch nur fünf Meilen vom hübschen Inn von Glengariff entfernt eine Landschaft sehen könnten, deren Herrlichkeit keine Feder zu beschreiben imstande sei.

Es genügt, Fotos dieser Gegend zu betrachten, um zu wissen, dass er Recht hatte. Thackeray wohnte in jenem Gebäude, in dem heute das Eccles Hotel untergebracht ist. Mehr als fünfzig Jahre nach seinem Besuch in Glengariff kaufte Annan Bryce die Insel Ilnacullin (*Oileán na gCuileann* = Stechpalmeninsel), 400 Meter vor der Küste in Bantry Bay gelegen, und bepflanzte sie kunstvoll.

Annan Bryce ließ Harold Peto Pläne für seine Gärten entwerfen. Weil sie um das besondere Mikroklima der Insel wussten, wählten sie Pflanzen aus, von denen niemand geglaubt hätte, dass sie auf den britischen Inseln wachsen würden. Hundert Männer wurden eingestellt, um mit Ruderbooten Erde herbeizuschaffen, um Pavillons, einen Uhrturm und Umfriedungen zu bauen und Teiche und Promenaden anzulegen. Außerdem mussten sie die Pflanzen Hunderter verschiedener Arten, die aus dem Ausland hierher gebracht wurden, einpflanzen und pflegen. Der Ausbruch des Ersten Weltkrieges führte zum Abbruch der Baumaßnahmen, sodass die geplante Villa nie entstand. Roland Bryce hinterließ die Insel 1953 dem irischen Volk, und seither wird der Park vom Amt für Denkmalpflege hervorragend instand gehalten.

George Bernard und Charlotte Shaw besuchten 1923 Ilnacullin. Wie Thackeray mieteten auch sie sich im Eccles Hotel ein, und angeblich schrieb Shaw hier das Drama *St. Joan* (1923; dt. *Die heilige Johanna*, 1976), vielleicht hat er es aber auch nur überarbeitet, denn die New York Theater Guild hatte es schon für eine Produktion angenommen. Auch Daphne du Maurier weilte hier zu Besuch: Der Titel ihres Romans *Hungry Hill* (1943; dt. *Die Erben von Clonmere*, 1944) bezieht sich auf den Berg, der sich über der Nordseite der Bucht erhebt.

Mary Sullivan Regan, eine Dichterin aus der Region, schrieb eine Ballade für die lokalen Pioniere der Lüfte. In dem Gedicht bittet eine emigrierte junge Braut „an einem fernen Strand" den gut aussehenden jungen Piloten, mit dem sie verheiratet ist, sie nach dem alten Glengariff zurückzubringen. Ritterlich erfüllt er ihr den Herzenswunsch – und der Leser bereitet sich innerlich auf eine tragische Katastrophe vor, doch weit gefehlt:

… die Liebe ließ ihren Puls wild schlagen,
die Freude erfüllte ihr Herz,
als sie sicher ohne Schlag, noch Bruch,
auf der Kuppe von Hungry Hill landeten!

Das Raue Tal, das Glengariff seinen gälischen Namen gab, präsentiert sich heute überraschend grün. Das Eccles Hotel beherbergte in den 150 Jahren seines Bestehens einige illustre Gäste.

Links: Dieses Tor in den Gärten von Ilnacullin bei Glengariff führt von der Baumschule zum Rasen vor der Casita, einem Teehaus.
Oben: Der Uhrturm steht im Nordwesten des von einer Mauer umgebenen Gartens.
Gegenüberliegende Seite: Der Tempel ist mit Marmor aus Italien, Griechenland und Irland geschmückt. Kamelien, Myrten, Azaleen, Rhododendren, Australische Teebäume und andere exotische Pflanzen aus der ganzen Welt beleben diesen italienischen Traum auf der irischen Insel Ilnacullin.

Wenn man, noch unter dem Eindruck des italienischen Flairs von Glengariff, auf der Straße nach Cork Bantry House passiert, kommt man sich vor wie am Mittelmeer.

Links: Ein bescheiden wirkendes und dennoch reizvolles kleines Häuschen in Holy Cross. Gegenüberliegende Seite: Die Abtei wurde von Dónal Mór O'Brien, König von Thomond, um 1180 gegründet. Sie war der heiligen Jungfrau Maria und dem Heiligen Kreuz geweiht. Die meisten der heute bestehenden Gebäude stammen aus dem 15. Jahrhundert.

Holy Cross

(Mainistir na Croise Naofa = Abtei des Heiligen Kreuzes)

TIPPERARY

Als der italienische Unternehmer Charles Bianconi (1786–1875), der in Longfield House am Fluss Suir, etwa zehn Kilometer flussabwärts von Holy Cross entfernt, wohnte, seine ersten „langen Wagen" über die Brücke von Holy Cross fuhr, war die gleichnamige Abtei nur noch eine Ruine. Trotzdem besuchten die Gläubigen immer noch jenen Ort, an dem vor der Auflösung der Klöster ein Fragment des Kreuzes Christi verehrt worden war. Seither hat sich vieles verändert. Die Abtei wurde wieder aufgebaut, und an Stelle von Bianconis Pferdewagen fahren jetzt Busse durch das Dorf, um es Hunderten von Pilgern zu ermöglichen, die Reliquie, die 1977 aus Rom hierher gebracht wurde, zu bestaunen.

Erste Schritte zur Restaurierung der Abtei wurden bereits 1869 unternommen, als die Church of Ireland vom Staat getrennt wurde und historische kirchliche Gebäude – fast ausschließlich Ruinen – in die öffentliche Hand übergingen. Infolge dieser Entwicklung wurden die meisten der Gebäude unter Denkmalschutz gestellt. Hundert Jahre später wollten die Gläubigen aus der Pfarrei die Abteikirche zu ihrer Pfarrkirche machen. Dafür musste die Regierung jedoch zunächst ein Gesetz verabschieden. Nach dem Abschluss archäologischer Ausgrabungen und der Verlegung der Gräber, die, als das Gebäude ohne Dach stand, zwischen dessen Mauern angelegt worden waren, konnten 1971 die eigentlichen Bauarbeiten beginnen. 1975 wurde die Pfarrkirche geweiht, und die benachbarte kleine Pfarrkirche wurde zum Gemeindehaus erklärt.

Das Dorf Holy Cross ist heute wesentlich kleiner, als es im Mittelalter war. In den 1970er Jahren wurde von einer örtlichen Genossenschaft mit staatlicher Unterstützung ein Komplex von Schilfdachcottages im traditionellen Stil gebaut. Das Projekt sollte dazu beitragen, Feriengäste in die Dorfgemeinschaft und Ferienhäuser in das Dorfbild und die Landschaft zu integrieren. Inzwischen sind die neuen Häuser ein wenig verwittert und fügen sich gut in das Panorama ein.

Bianconis „lange Wagen", die man manchmal auch „Seitenwagen" nannte, weil die Fahrgäste seitwärts saßen, fuhren auf einem Straßennetz von insgesamt 6400 Kilometern Länge und verbesserten erheblich die Mobilität der Bevölkerung im Süden und Westen Irlands. Als die Eisenbahnstrecken entstanden, änderte Bianconi seine Fahrpläne. Seine Wagen holten die Fahrgäste nun an den neuen Bahnhöfen ab und brachten sie zu jenen Dörfern und Städten, die keine Bahnanbindung hatten. Wer damals nach Holy Cross wollte, stieg in Thurles aus dem Zug und nahm den „langen Wagen" nach Cashel. In *John Bull's Other Island* (1904; John Bulls andere Insel) lässt George Bernard Shaw seine Figuren noch 1904 mit dem „Bian" im fiktiven Ballycullen ankommen. Der zum Gedenken an Bianconi im italienischen Stil angelegte Garten kann in Boherlahan, sechs Kilometer südlich von Holy Cross, besichtigt werden.

OBEN: Der Ortskern von Holy Cross wird optisch von dem gewaltigen Klosterbau beherrscht.
GEGENÜBERLIEGENDE SEITE OBEN: Auch Namen sind ein Erbe der Vergangenheit. Die Familiennamen Hayes oder O'Hay gehen auf das irische OhAodha *zurück und sind in der County Tipperary überall anzutreffen.*
GEGENÜBERLIEGENDE SEITE UNTEN: Dieses Cottage wurde zwar in traditionellem Stil, aber erst in den 1970er Jahren gebaut. Es wird, ebenso wie andere Häuser dieser Art, an Urlaubsgäste vermietet.

D HAYES
HOMESTEAD
BRINGS VALUE HOME
CALLCARD
ON SALE HERE
FRUIT & VEGETABLES
Kodak
GROCERY
BREAD & CAKES
CIGARETTES

RECHTS: Die Sedilien im Altarraum der Abtei von Holy Cross. Die Sitze sind für die Priester bestimmt, die die Messe lesen, für den Diakon und den Unterdiakon. Das größte Schild ist mit dem königlichen englischen Wappen in seiner Gestalt von 1405 geschmückt.
GEGENÜBERLIEGENDE SEITE: Die Überreste des Klosters werden heute sorgfältig konserviert und gepflegt.

Links und gegenüberliegende Seite: Kenmare, eines der attraktivsten Dörfer in Irland. Der Straßenverlauf entspricht weitgehend noch den Plänen, nach denen das Dorf Ende des 18. Jahrhunderts angelegt wurde.

Kenmare

(*Neidín* = Kleines Nest)

KERRY

Kenmare liegt an der niedrigsten Furt des Flusses Kenmare, dort, wo die Straßen aus den Bergen in dicht belaubte Wälder führen. Der fruchtbare Boden des Tals bewog englische Siedler nach den Kriegen von 1641 bis 1651, sich hier niederzulassen und Ackerbau zu betreiben. Häufig wurden die ursprünglichen Besitzer des Landes als billige Arbeitskräfte beschäftigt. Die Berge, die Wälder und das Meer zogen bereits 150 Jahre später erste Reisende an. Henry Fitzmaurice, 1. Marquis von Lansdowne, ließ das Dorf gegen Ende des 18. Jahrhunderts erbauen und vergaß auch nicht, einen Gasthof zu errichten. Das Lansdowne Hotel steht noch heute, Monument einer Zeit, als der ehemalige Eroberer zum Wohltäter wurde.

Kenmare ist ein Touristendorf geblieben, ohne jedoch unter den optischen oder ökologischen Begleiterscheinungen zu leiden, die der Tourismus meist mit sich bringt. Einziger Nachteil: Die Arbeitsplätze, die der Fremdenverkehr bietet, sind an die Urlaubssaison gebunden, und es gibt in Kenmare kaum andere Erwerbszweige. Von den über vierzig Restaurants, von denen viele auch Feinschmecker zufrieden stellen können, bleibt nur ein halbes Dutzend den Winter über geöffnet. Ähnlich ist es bei den größeren Hotels. Einige von ihnen gehören zu den besten der Welt. Das berühmte Park Hotel ist ein Fall für sich. Es wurde 1897 als Great Southern von der heute nicht mehr existenten Eisenbahngesellschaft Great Southern Railway Company gegründet.

In der Umgebung von Kenmare finden sich zahlreiche Altertümer. Eines der interessantesten liegt nahe der Pound Lane: ein zur untergehenden Sonne hin ausgerichteter Steinkreis, der vermutlich im dritten vorchristlichen Jahrtausend errichtet wurde. Die nahe Cromwell's Bridge könnte von englischen Siedlern des 17. Jahrhunderts gebaut worden sein, ist aber vermutlich älter. Ihr Name erscheint rätselhaft, weil Cromwell nie in der County Kerry war. Einer Theorie zufolge hieß sie ursprünglich nicht Cromwell, sondern *croimeal,* was auf Irisch „Schnurrbart" bedeutet und ihre Form treffend beschreiben würde. Die so genannten Fluchsteine bei Feaghna, abgerundete Steine, die in Löchern in einer Felsplatte aus Kalkstein liegen, könnten zum Mahlen von Getreide gedient haben. Der Volksglaube aber hat eine andere Erklärung für ihren Zweck: Will man seinen Feind mit einem Fluch belegen, so braucht man diesen nur auszusprechen und dabei den Stein zu drehen. Der Dichter Samuel Ferguson (1810–1886) beschwört die Erinnerung an eine Gruppe von abtrünnigen Druiden herauf, die im 10. Jahrhundert – erfolglos, wie die Geschichte später zeigte – wider König Cormac fluchten:

Sie sprachen Flüche gegen den König,
Sie verfluchten ihn in Fleisch und Bein,
Und drehten täglich, in ihrem magischen Kreise,
Die verwünschenden Steine wieder und
wieder um.

AR JON
KNITWEAR
ORED
REMISES
WORLDWIDE
The IVERNI GALLERY
KENMARE SWEATERS
IRISH PERMANENT
BAR

Links: Die Henry Street in Kenmare. Den optischen Abschluss der Straße bildet die Kirche Holy Cross, die 1864 für Pfarrer John O'Sullivan von dem Architekten Charles Hanson erbaut wurde, einem Schüler des jüngeren Pugin. Wie das Foto schon ahnen lässt, hat Kenmare mehr erstklassige Restaurants zu bieten als jeder andere irische Ort dieser Größe.
Oben: Eine Einkaufsmeile in Kenmare mit hübschen und altertümlichen Geschäften.
Folgende Seiten: Die Reihenhäuser, die der Marquis von Lansdowne im späten 19. Jahrhundert für seine Untergebenen bauen ließ, können sich auch heute noch sehen lassen.

UNTEN: Cromwell's Bridge führt über den Fluss Annihy, in der Nähe des Dorfzentrums.
GEGENÜBERLIEGENDE SEITE: Historische Mythen und irische Folklore tragen gleichermaßen zu der Faszination bei, die einige Sehenswürdigkeiten aus der Umgebung von Kenmare auf den Betrachter ausüben: hier die gefürchteten „Fluchsteine" von Feaghna.

RECHTS: An der Straße, die aus Kilfenora heraus nach Corofin und Ennis führt, liegt Lemaneh Castle. An das auf der rechten Seite der Ruine befindliche ursprüngliche Turmhaus, das um 1480 entstand, wurde eines der wenigen befestigten Herrenhäuser aus jakobitischer Zeit angebaut.
GEGENÜBERLIEGENDE SEITE: Die felsige Landschaft des Burren stellt einen angemessenen Hintergrund für eines von Kilfenoras bemerkenswerten Hochkreuzen dar.

Kilfenora

(*Cill Fhionnurach* = Kirche des hl. Fionnur)

CLARE

Kilfenora ist ein winziges Dörfchen im Norden der County Clare mit weniger als 200 Einwohnern. Bemerkenswert ist es wegen seiner steinernen Monumente aus dem Mittelalter und aus früherer Zeit und weil es am Rande des Burren liegt, diesem eigenartigen Land aus karstigen Felsen, in deren Spalten in üppiger Pracht Blumen blühen, die man eher in der Arktis – und am Mittelmeer erwartet.

Die katholische Diözese von Kilfenora ist inzwischen der Erzdiözese von Tuam angegliedert. Die Diözese der Church of Ireland wurde bereits im 17. Jahrhundert mit einer Anzahl weiterer westlicher Diözesen vereint, als Kilfenora als einer der ärmsten Orte in Irland galt, „alles in allem nicht mehr wert als vierundzwanzig Pfund“. Die Kathedrale, von der heute nur noch der Altarraum für den Gottesdienst zur Verfügung steht, ist dem heiligen Fachtna geweiht. Der heilige Fionnur, der Namenspatron des Dorfes, erreichte in seinem Heiligenleben so wenig, dass die Forschung daran zweifelt, dass es ihn jemals wirklich gab.

Die Bildhauerarbeiten der Kathedrale lassen auf die Existenz einer besonderen Schule im 12. und 13. Jahrhundert schließen. Es gibt hier vier Aufsehen erregende Hochkreuze, die anders aussehen als die im übrigen Irland. Das O' Dughartaigh oder auch Doorty Cross ist am feinsten ausgearbeitet und zeigt Figuren und Ornamente im Urnesstil. Es lag lange Zeit im Unkraut verborgen, bis es von einem russischen Emigranten namens Lubya Tankanikow entdeckt und 1945 wieder aufgestellt wurde. Ein ungewöhnlich schlichtes Kreuz ohne den keltischen Ring steht in der Nordwestecke des Friedhofs. Vor dem Portal befindet sich der Längsbalken eines schmalen Kreuzes mit ineinander verwobenen Ornamenten. In einem Feld in einiger Entfernung vom Gebäude kann man ein vier Meter hohes Kreuz besichtigen, auf dem die Kreuzigung dargestellt ist. Das eigenartige dreieckige Motiv an seiner Basis legt die Vermutung nahe, dass es einst das Grab einer wichtigen Persönlichkeit schmückte.

An der breitesten Stelle von Kilfenoras Hauptstraße findet man das Burren Display Centre, das kurz nach seiner Eröffnung 1975 bereits prämiert wurde. Zwei Kilometer vom Dorf entfernt liegt die Ringfestung Ballykinvarga aus der Eisenzeit mit ihren beeindruckenden „Spanischen Reitern“ aus spitzen Felsplatten. Mehr als ein Dutzend steinerne Zeugen der Vergangenheit liegen hier in der Landschaft verteilt und warten darauf, von Besuchern im Zuge eines morgendlichen Spaziergangs entdeckt zu werden.

OBEN: Die frühere katholische Diözese Kilfenora ist reich an sakralen Baudenkmälern.
OBEN RECHTS: Die katholische St. Fachtna's Church.
RECHTS: Die in den Stein eingravierte Darstellung eines Bischofs befindet sich in der Kathedrale.
GEGENÜBERLIEGENDE SEITE: Die Ringfestung von Ballykinvarga hat einen Durchmesser von fünfzig Metern. Die erhaltenen Mauern sind bis zu fünf Meter hoch.

Killaloe

(*Cill Molua* = Kirche von Molua)

CLARE

Wo, ach, Kincora, ist Brian der Große?
Und wo ist die Schönheit, die einst deine war?
Vergangen, o Kincora!

So klagte einst der gälische Dichter Mac Liag über den Palast von Kincora, der auf der höchsten Erhebung des modernen Killaloe stand und Sitz des Königs Brian Ború war. Die heutige Diözese von Killaloe entspricht in etwa dem Gebiet, das im 11. Jahrhundert zum Königreich von Thomond gehörte – das Königreich der O'Briens. Brian dem Großen gelang es durch seinen Sieg 1014 bei der Schlacht von Clontarf, die Wikinger aus Irland zu vertreiben. (Im örtlichen Telefonbuch ist O'Brien übrigens immer noch der am häufigsten vorkommende Name.)

Offenbar hatte die verlorene Schönheit, die der Dichter betrauerte, weniger mit der Person des verblichenen Königs als mit dem Ort zu tun, an dem dieser lebte. Wir wissen zwar kaum etwas über das Aussehen von König Brian, was jedoch Killaloe betrifft, so ist es heute ein auffallend schöner Ort. Er liegt sehr malerisch am Westufer des Shannon, besitzt eine vornehm wirkende Steinbrücke über den Fluss, die 13 Bögen zählt, ferner eine Würde ausstrahlende Kathedrale, deren Schutzpatron der heilige Flannan ist (ein weiterer Prinz aus dem Geschlecht der O'Brien), sowie hübsche Häuschen, die vom Ufer aus die Anhöhe hinaufziehender Straßen säumen.

Die Kathedrale steht auf dem Grund eines früheren Klosters. Die erste Kathedrale wurde von Dónal Mór O'Brien erbaut und 1185 während eines Krieges gegen Cathal Carrach, König des benachbarten Connacht, zerstört. In das Gebäude aus dem 13. Jahrhundert wurden einige Elemente der älteren Kathedrale integriert, unter anderem der nach Südwesten ausgerichtete romanische Eingangsbereich. Die auffälligste Veränderung ist relativ modern: Der stufenförmige Zinnenkranz des Kirchturms wurde 1890 hinzugefügt. In die Westmauer ließ Bischof Mant von Killaloe 1821 ein Hochkreuz einfügen. Was ihn dazu veranlasste, ist nicht bekannt.

Auf dem Grund der Kathedrale befindet sich auch ein kleines Oratorium aus dem 12. Jahrhundert, ebenfalls dem heiligen Flannan geweiht. Ein älteres Oratorium aus dem 9. Jahrhundert, dem heiligen Lua anempfohlen, wurde auf dem Grund der katholischen Kirche wieder aufgebaut. Hätte man es an seinem ursprünglichen Standort belassen, wäre es bei dem Staudammbau von 1929 von den Wassern des Lough Derg überflutet worden. Im Zuge der Rettungsaktion wurde das kleine frühchristliche Gebäude Stein für Stein von der früheren Wallfahrtsstätte auf St. Lua's Island hierher gebracht.

OBEN: Die steile Hauptstraße von Killaloe führt vom Ufer des Flusses Shannon bis zu jener Stelle hinauf, an der einst das Schloss der Könige von Thomond stand.
GEGENÜBERLIEGENDE SEITE: Unterhalb des Dorfes fließt der Shannon majestätisch und träge dahin. Die Brücke mit den 13 Bögen, unter der die vielen Boote hindurchfahren, die auf dem Shannon verkehren, ist über die Grenzen der County hinaus bekannt.

GOOSERS

RECHTS: Die Zeit und die Frömmigkeit der Bewohner haben in Killaloe zahlreiche Spuren hinterlassen. Am eindrucksvollsten ist sicher die Kathedrale St. Flannan.
UNTEN: Steinkreis bei Grange.
GEGENÜBERLIEGENDE SEITE: Einer von Killaloes alten Friedhöfen.

RECHTS: Fast alle Häuser in Knightstown wurden für die Beschäftigten der technischen und maritimen Einrichtungen gebaut, die seit Mitte des 19. Jahrhunderts in dem Dorf gegründet wurden.
GEGENÜBERLIEGENDE SEITE: Nicht die Frömmigkeit der Gläubigen macht die Bauarbeiten an der Grotte nahe eines Schieferbruchs bei Knightstown erforderlich, sondern eher der Wunsch, mit der Frömmigkeit Geschäfte zu machen.

Knightstown

(*Baile an Ridire* = Stadt des Ritters)

KERRY

Bei jenen Rittern, deren Titel im Namen des Inseldorfes Knightstown erhalten blieb, handelte es sich um die Ritter von Kerry. Ihr Familiensitz war Glanleam auf Valentia Island. Und wer hierher kommt, erkennt sofort: Knightstown ist anders als die anderen Dörfer in der County Kerry, anders auch als alle anderen Dörfer an der irischen Westküste.

Valentia ist ungefähr elf Kilometer lang und an der breitesten Stelle knapp fünf Kilometer breit. Die, verglichen mit dem sumpfigen oder bergigen Festland, relative Fruchtbarkeit ihrer Böden hat der Insel den Titel „Kornspeicher des Südwestens" eingetragen. Von noch größerer wirtschaftlicher Bedeutung für die Insel waren aber die Schieferbrüche. Im frühen 19. Jahrhundert begann man mit der Verarbeitung des Schiefers, ein Hafen wurde für den Export des Gesteins angelegt. Der 19. Ritter besaß offenbar unternehmerisches Talent: Er baute die Steinbrüche aus und erreichte die Einrichtung der Transatlantic Cable Station, die außer technologischem Fortschritt auch den Zuzug von qualifizierten Spezialisten mit sich brachte, was wiederum mehr als jeder andere Faktor den Wohlstand von Knightstown förderte.

Das gefährliche Verlegen des Kabels begann 1857 und wurde von dafür eigens umgebauten Schiffen aus durchgeführt. Sieben Jahre später waren Europa und Amerika über Knightstown und Heart's Content in Neufundland miteinander verbunden: Die erste offizielle Nachricht wurde von der britischen Königin Viktoria an den amerikanischen Präsidenten Andrew Johnson übermittelt. Danach nahm der Telegrafendienst stetig an Bedeutung zu. Allein vier Angestellte waren vollauf damit beschäftigt, die Börsenberichte zu übermitteln. In seinen besten Zeiten übermittelte der Telegrafendienst täglich 3000 Mitteilungen.

Das Gebäude der Cable Station wurde 1868 von Thomas N. Deane aus Cork entworfen. Für die Beschäftigten – kurz nach der Gründung des Irischen Freistaats 1921 arbeiteten hier 242 Menschen – wurden hübsche Reihenhäuser gebaut. Für einige Zeit stand auf Valentia Island auch noch ein Observatorium, und der italienische Physiker und Ingenieur Guglielmo Marconi richtete hier im Jahre 1912 eine Funkstation ein. Ein Leuchtturm, ein Stützpunkt der Küstenwache sowie eine Rettungsbootstation unterstreichen die maritime Atmosphäre des Dorfes. Seit die alte Funktechnik an Bedeutung verloren hat, sind aus vielen der ehemaligen Offiziershäuser Ferienhäuser geworden, die von ihren neuen Besitzern sehr liebevoll gepflegt werden.

OBEN: Das vermutlich vornehmste Gebäude, das mit Schiefer wie diesem gedeckt ist, ist das Parlamentsgebäude in London.
GEGENÜBERLIEGENDE SEITE OBEN: Die Autofähre verkehrt mehrfach in der Stunde nach Reenard am anderen Ufer, das man hinter dem Uhrturm am Kai vom Knightstown erkennen kann.
GEGENÜBERLIEGENDE SEITE UNTEN: Das Dorf mit seinen schmucken Häuschen ist besonders für seinen Schiefer bekannt.

Lismore

(*Lios Mór Mochuda* = Mochudas große Einfriedung)

WATERFORD

Lismore hätte wegen seiner Geschichte, seiner Traditionen, wegen der sehenswerten Gebäude und der Leistungen seiner Bewohner zu Recht den Titel „Stadt" verdient. Es ist allein die niedrige Einwohnerzahl, die es zu einem Dorf macht. Andererseits trifft wohl auf kaum einen anderen Ort die Redensart *small is beautiful* so zu wie auf Lismore. Seine intime Atmosphäre und der Umstand, dass alles leicht und schnell zu Fuß erreichbar ist, tragen zu Lismores Beliebtheit bei den Touristen bei. Eine große Rolle spielt natürlich auch, dass seine Bürger sich mit Erfolg bemühen, das historische Ambiente zu erhalten.

Beeindruckend ist die große Festung, die sich hoch über dem Blackwater und seinen baumbestandenen Ufern erhebt. Mit ihrem Bau wurde 1185 begonnen. In Teilen sind auch noch andere Bauten – weltlichen wie religiösen Ursprungs – aus dieser Zeit erhalten. Bischof Myler McGrath übergab die Festung im späten 16. Jahrhundert Sir Walter Raleigh. Raleigh verkaufte sie dann an Richard Boyle, den „Großen Grafen" von Cork. Im Jahre 1753 ging sie an die derzeitigen Besitzer über, die Herzöge von Devonshire. Zwischen 1840 und 1858 ließ der 6. Duke sie nach den Plänen des Architekten Joseph Paxton umbauen.

Roger Boyle, der dritte Sohn des „Großen Grafen", war ein berühmter Dramatiker; der siebte Sohn, der Wissenschaftler Robert Boyle, formulierte das Boyle-Mariotte'sche-Gesetz, das den Zusammenhang von Druck, Temperatur und Volumen von Gas beschrieb. Im Jahre 1814 wurden der Bischofsstab von Lismore und das *Book of Lismore* in den Mauern der Festung gefunden. Letzteres berichtet über die Lebensgeschichten der Heiligen von Munster, enthält eine Abschrift des *Book of Rights* (Buch der Rechte), Gedichte im Stil Ossians und Biografien von Karl dem Großen und Marco Polo!

Der heilige Carthage ist der Schutzpatron von Lismore. Er wurde liebevoll *Mo Chuda* (Mein Kamerad) genannt, und diese Anrede ist auch im irischen Namen der Siedlung enthalten. Die Universität, die er im Jahre 633 n. Chr. gründete, zog Studenten aus dem gesamten christlichen Europa an, unter anderem den späteren König von England, Alfred den Großen (848–899). Die Kathedrale St. Carthage wurde in den 1630er Jahren erbaut. Mittelalterliche Grabmäler, die zu einer älteren Kirche gehörten; ein herrlicher Turm und eine gerippte Turmspitze, Werk der Gebrüder Pain aus Cork (1827); ein Fenster, das dem Andenken an Francis Curry, einen Wohltäter des Ortes, gewidmet ist und von der Werkstatt von William Morris nach dem Entwurf von Burne-Jones 1896 gefertigt wurde, und andere Kunstwerke mehr fügen sich in ihr zu einer harmonischen Einheit. Die katholische Kirche St. Carthage aus dem Jahre 1884 wurde von W.G. Doolin entworfen und stellt eine einfühlsame Nachahmung lombardischer Romanik dar.

Lismore Castle, Sitz der Herzöge von Devonshire, hat schon viele berühmte Gäste aufgenommen: Eduard VII. und Königin Alexandra, die mit dem Zug in Lismore eintrafen, den englischen Romancier William Makepeace Thackeray, der mit der Kutsche anreiste, und den Entertainer Fred Astaire, der in einer Limousine vorfuhr und dessen Schwester Adèle den 9. Duke heiratete.

OBEN LINKS: Tradition und Eleganz in Lismore – der Eingang des Lismore Hotel beherrscht das Bild der Hauptstraße.
OBEN RECHTS: Das größte Haus am Dorfplatz ist das Gerichtsgebäude.
RECHTS: Die Kathedrale St. Carthage in der North Mall mit ihrem ungewöhnlich gestalteten Eingangsbereich.

IM UHRZEIGERSINN, VON LINKS OBEN BEGINNEND: Lismores sakrale Schätze: die katholische St. Carthage's Church; das 1872 errichtete Denkmal für Erzdiakon Andrew Power; die Darstellung von Gerechtigkeit und Bescheidenheit in einem Buntglasfenster von Burne-Jones in der Kathedrale St. Carthage.

Rosscarbery

(*Ros ó gCáirbre* = Carberys bewaldetes Kap)

CORK

Die Abzweigung nach Rosscarbery kann man leicht übersehen, denn nur allzu gerne lässt man sich von den vielen Sehenswürdigkeiten entlang der Straße von Cork City zu den Halbinseln und Inseln von West Cork ablenken. Zu diesen Sehenswürdigkeiten zählt auch die Lagune von Rosscarbery, über die eine Straße auf einem Damm führt. Von hier aus erschließen sich so viele schöne Ausblicke, dass man auf das Schild, das zum Dorf weist, nicht genügend Acht gibt.

Dabei hat Rosscarbery dem Besucher einiges zu bieten. Kommt man aus östlicher Richtung, locken bereits erste Schilder gleich wieder ins Grüne hinaus zu den Ringfestungen von Teampaillín Fachtna, zu St. Fachtnas heiligem Brunnen, zu dem Megalithgrab und dem Stein, der nahe der Kreuzung von Burgatia aufrecht in den Himmel ragt, aber auch zu den kleinen Stränden von Creggane und Ownahincha. Kommt man dagegen aus westlicher Richtung, führen Nebenstraßen zu dem interessanten Steinkreis von Drombeg und zu den Mauern von Coppinger's Court, einem jakobitischen Herrenhaus, das Mittelpunkt einer englischen Siedlung werden sollte, jedoch 1641, bald nach seiner Fertigstellung, in Brand gesteckt wurde. Eine weitere Nebenstraße führt zu den Ruinen von Carrigagappul Castle und Downeen Point über der Rosscarbery Bay. Der Felsen, der vor der Küste aus dem Wasser ragt, wird nach der Göttin, die der Sage nach auf ihm lebt, Carraig Chlíodhna genannt. Die Welle Chlíodhna ist eine der drei großen mythologischen Ozeanwellen.

Der Hauptteil des Dorfes liegt auf einer kleinen Anhöhe. Dort gibt es einen bezaubernden Platz, an dem man die traditionellen Fassaden einiger Geschäfte bewundern kann. Aber auch die Gebäude und Geschäfte neueren Datums, die wohl in erster Linie die touristischen Gäste ansprechen sollen, fügen sich gut in das Gesamtbild ein. Der massive runde Turm des neuen Hotels an der Hauptstraße dagegen passt weder zum Straßenbild noch zur Landschaft der Umgebung, und man kann sich nur wundern, dass der Bau genehmigt wurde. In der Nähe der recht ansehnlichen katholischen Kirche aus den 1920er Jahren befinden sich einige Klostergebäude. Die protestantische Kirche mit ihrem etwas kitschig geratenen Torweg im irisch-romanischen Stil ist die Kathedrale der Diözese von Ross und beherbergt eine Anzahl besichtigenswerter Ausstellungsstücke.

In Rosscarbery trifft man hin und wieder auch auf schieferverkleidete Häuser, wie es sie hauptsächlich in den südwestlichen Countys gibt, denn einerseits ist das Klima hier feucht, und zum anderen gibt es Schiefervorkommen. Die Hauswände werden mit Kalkmörtel bestrichen, dann werden die Platten in überlappenden Reihen angedrückt. Der Schieferbruch auf Benduff Hill hinter Rosscarbery liefert einen grünlich-grauen Schiefer mit einer interessanten rauen Oberfläche. Die mit ihm gedeckten oder verkleideten Häuser sehen aus, als wären sie ein aus dem Boden gewachsener natürlicher Bestandteil der Landschaft.

Rosscarbery, die alte Hauptstadt von The Carberies und früherer Sitz des Bischofs von Ross, von der gegenüberliegenden Seite der Lagune aus gesehen.

OBEN LINKS: Durch das massive Mauerwerk fällt grelles Tageslicht und zeichnet die Fenstersilhouette auf eine Wand im Inneren von St. Fachtna.

OBEN RECHTS: Eine Skulptur des belgischen Künstlers Guillaume Geefs erinnert an den 6. Lord Carbery. Man brachte sie hierher, als ihr ursprünglicher Standort, die knapp fünf Kilometer entfernte Rathbarry Church, abgetragen wurde.

GEGENÜBERLIEGENDE SEITE: Die Kathedrale von St. Fachtna wurde im 16. Jahrhundert nahe einer frühchristlichen Andachtsstätte erbaut. Ein Reiseführer aus den 1960er Jahren beschrieb sie als „ärmlich", was jedoch nicht den Tatsachen entspricht.

Uisce
ST BRUNO
FLAKE
THE STANDARD DARK

Praktische Hinweise

Alle Angaben wurden nach bestem Wissen und Gewissen gemacht. Für dennoch auftretende Unstimmigkeiten und für Veränderungen nach Drucklegung können weder Autor noch Verlag die Haftung übernehmen. Die Öffnungszeiten können sich von Saison zu Saison ändern, die Termine von alljährlich wiederkehrenden Veranstaltungen können sich von Jahr zu Jahr um einige Tage verschieben. Deshalb ist es ratsam, sich rechtzeitig bei dem Veranstalter oder dem zuständigen Fremdenverkehrsamt zu informieren. Die jährlich neu herausgegebene Broschüre des Tourist Information Network gibt Standorte und Öffnungszeiten aller offiziellen Fremdenverkehrsbüros an. Wenn Sie in Irland sind, finden Sie die aktuellsten Hinweise über Sportereignisse, Theateraufführungen, Konzerte und andere Veranstaltungen in den regionalen Tageszeitungen.

Informationen über Hotels usw. entsprechen den Angaben des Irish Tourist Board und des Northern Ireland Tourist Board, die auch die Sterne vergeben. Einige Häuser, und nicht die schlechtesten, ziehen es vor, keine Sterne zu haben. Die in Irland veröffentlichten Reiseführer sind vollständiger und zuverlässiger als die im Ausland erschienenen. Der Autor empfiehlt: *Be Our Guest,* herausgegeben von der Irish Hotels Federation; *Ireland Accommodation Guide,* erschienen bei Creative Input; *Where to Stay in Northern Ireland,* herausgegeben vom Northern Ireland Tourist Board. Darüber hinaus gibt es noch mehrere Führer, die sich auf ein Thema konzentrieren, z. B. *The Friendly Homes of Ireland, Logis of Ireland* und *Ireland's Blue Book* mit einer Liste von Landhäusern verschiedener Kategorien, die Gäste aufnehmen. Außer Hotels, Jugendherbergen, Landhäusern und Gästehäusern gibt es noch Hunderte von privaten Vermietern von Bed and Breakfast – zu viele, um sie hier aufzuführen. Angehende Besucher Irlands sollten sich die aktuellsten Ausgaben von *Town & Country Homes* besorgen und den ausgezeichneten *Guide to Bed & Breakfast in Northern Ireland.* Alle diese Führer und Broschüren sind bei den irischen und britischen Fremdenverkehrsämtern erhältlich.

Die Ländervorwahl für Großbritannien (einschließlich Nordirland) lautet 00 44, die für die Republik Irland 003 53; die Null der Ortskennzahl fällt nach der Ländervorwahl weg.

De Barra's in Clonakilty, in der Nähe von Rosscarbery (County Cork): Dieser wunderbare Pub musste einfach noch mit hinein ins Buch, obwohl Clonakilty kein Dorf ist, sondern eine der irischen Städte mit den höchsten Besucherzahlen. Im letzten Jahr des 20. Jahrhunderts gewann sie die Tidy Town Competition *als gepflegteste Stadt Irlands.*

Plumbridge (County Tyrone).

Fremdenverkehrsämter

Irish Tourist Board
DUBLIN
Dublin Tourism Centre,
Suffolk Street, Dublin 2,
Tel.: 01 / 6 05 77 00
LONDON
150 New Bond Street,
London W1Y 0AQ,
Tel.: 02 07 / 4 93 23 01

Northern Ireland Tourist Board
BELFAST
59 North Street, Belfast BT1 1NB,
Tel.: 0 28 90 / 24 66 09
LONDON
24 Haymarket, London SW1Y 4DG,
Tel.: 08 70 / 1 55 52 50

Deutschland:
Irische Fremdenverkehrszentrale
Untermainanlage 7
60329 Frankfurt/M.
Tel.: 0 69 / 66 80 09 50
Fax: 0 69 / 92 31 85 88

British Tourist Authority
(inkl. Urlaubsservice Nordirland)
Westendstr. 16–22
60325 Frankfurt/M.
Tel.: 0 69 / 23 45 04
Fax: 0 69 / 23 34 80
Auch zuständig für Anfragen und Informationen über Nordirland aus der Schweiz und aus Österreich.

Österreich:
Irische Botschaft
Hilton Centre (16. Etage)
Landstrasser-Hauptstr. 2
1030 Wien
Tel.: 01 / 7 15 83 17
Fax: 01 / 7 13 60 04

Schweiz:
Irish Tourist Board
Mettlenstr. 22
8412 Uitikon
Tel.: 08 48 / 84 83 53
Fax: 0 56 / 6 75 75 80

Erläuterung:
Die nachfolgenden Kilometerangaben beziehen sich auf die Entfernung des jeweils genannten Ausflugsziels vom porträtierten Dorf.

ULSTER
NORTHERN IRELAND

Belleek COUNTY FERMANAGH
Sehenswürdigkeiten
Castle Caldwell Forest,
Tel.: 02 86 86 / 3 12 53
Explore Erne Exhibition, Gateway Centre, Tel.: 02 86 86 / 5 88 66
Übernachtungsmöglichkeiten
**Hotel Carlton,
Tel.: 02 86 86 / 5 82 82
*Fiddlestone Guest House,
Tel.: 02 86 86 / 5 80 08
Riverside Guest House,
Tel.: 02 86 86 / 5 86 49
Gasthäuser und Restaurants
Cleary's, Tel.: 02 86 86 / 5 84 03
Fiddlestone Cafe,
Tel.: 02 86 86 / 5 80 08
McDonnell's, Tel.: 02 86 86 / 5 83 92
McMorrow's, Tel.: 02 86 86 / 5 84 23
Pottery Tea Rooms,
Tel.: 02 86 86 / 5 85 01
Rooney's, Tel.: 02 86 86 / 5 82 79
Thatch Coffee Shop,
Tel.: 02 86 86 / 5 81 81
Information
Enniskillen, Tel.: 02 86 86 / 32 31 10

Cushendall COUNTY ANTRIM
Sehenswürdigkeit
Ossians Grab
Veranstaltung
John Hewitt Summer School (Juni) (Carnlough, 12,8 km),
Tel.: 02 82 17 / 4 42 47
Übernachtungsmöglichkeiten
**Caireal Manor Guest House,
Tel.: 02 82 17 / 5 64 65
Moneyvart House Hostel,
Tel.: 02 82 17 / 7 13 44
*Thornlea Hotel,
Tel.: 02 82 17 / 7 12 23
Gasthäuser und Restaurants
Gillan's Restaurant,
Tel.: 02 82 17 / 7 14 04
Half Door, Tel.: 02 82 17 / 7 13 00
Harry's, Tel.: 02 82 17 / 7 20 22
Lurig Inn, Tel.: 02 82 17 / 7 15 27
Information
Ballycastle, Tel.: 02 82 07 / 6 20 24

Glaslough COUNTY MONAGHAN
Veranstaltung
Harvest Time Blues Festival (September) (Monaghan, 9,6 km); Tel.: 0 47 / 8 29 82
Übernachtungsmöglichkeiten
Castle Leslie, Tel.: 0 47 / 8 81 09
Pillar House Hotel,
Tel.: 0 47 / 8 82 69
Information
Monaghan, Tel.: 0 47 / 8 11 22

Loughgall COUNTY ARMAGH
Sehenswürdigkeiten
Ardress House & Farmyard (National Trust) (4,8 km),
Tel.: 0 28 38 / 85 12 36
The Argory House and Grounds (National Trust) (9,6 km),
Tel.: 0 28 87 / 78 47 53
Dan Winter Ancestral Home (Orange Order Heritage Centre),
Tel.: 0 28 38 / 85 13 44
Veranstaltungen
Apple Blossom Festival (Apfelblütenfest; Mai),
Tel.: 0 28 37 / 52 96 06
Ulster Pipe Band Championships (August) (Armagh, 8 km),
Tel.: 0 28 90 / 83 38 11
Gasthaus
Famous Grouse,
Tel.: 0 28 38 / 89 17 78
Information
Armagh, Tel.: 0 28 37 / 52 18 00

Moneymore
COUNTY LONDONDERRY
Sehenswürdigkeit
Springhill House, Costume Museum and Gardens (National Trust), Tel.: 01 64 87 / 4 82 10
Gasthäuser und Restaurants
Bier Keller, Tel.: 01 64 87 / 4 82 82
Springhill House Coffee Shop,
Tel.: 01 64 87 / 4 82 10
Information
Cookstown, Tel.: 0 28 68 / 76 67 27

Plumbridge COUNTY TYRONE
Sehenswürdigkeiten
Gortin Glen Forest Park (12,8 km),
Tel.: 02 88 16 / 4 82 17
Sperrin Heritage Centre (Crannagh, 16 km),
Tel.: 02 88 16 / 4 81 42
Ulster History Park (bei Gortin, 16 km), Tel.: 02 88 16 / 4 81 88
Woodrow Wilson Ancestral Home (Haus der Vorfahren von W. Wilson; Strabane, 16 km),
Tel.: 0 28 71 / 88 37 35
Gasthaus
Pinkerton's Cafe,
Tel.: 02 88 16 / 4 83 27
Information
Strabane, Tel.: 0 28 71 / 88 37 35

Portaferry COUNTY DOWN
Sehenswürdigkeit
Exploris Heritage Centre and Aquarium,
Tel.: 02 84 27 / 2 80 62
Veranstaltungen
Portaferry Galway Hookers Regatta (Juni),
Tel.: 02 89 18 / 2 68 46
Übernachtungsmöglichkeiten
Barholm Hostel,
Tel.: 02 84 27 / 2 95 98

In der Umgebung von Dalkey (County Dublin).

***The Narrows Guest House,
Tel.: 02 84 27 / 2 81 48
***Portaferry Hotel,
Tel.: 02 84 27 / 2 82 31
Gasthäuser und Restaurants
Christine's Cafe,
Tel.: 02 84 27 / 3 89 71
Cornstore, Tel.: 02 84 27 / 2 97 79
Exploris, Tel.: 02 84 27 / 2 80 62
Ferry Grill, Tel.: 02 84 27 / 2 84 48
Scotsman, Tel.: 02 84 27 / 2 80 24
Information
Portaferry, Tel.: 02 84 72 / 2 98 82

Rathmelton County Donegal
Veranstaltung
Lenon Community Festival (Juli)
Übernachtungsmöglichkeiten
Ardeen, Tel.: 0 74 / 5 12 43
Crammond, Tel.: 0 74 / 5 10 55
Meadowell, Tel.: 0 74 / 5 12 90
Gasthaus
House on the Brae Restaurant,
Tel.: 0 74 / 5 12 40
Information
Letterkenny, Tel.: 0 74 / 2 11 60

Strangford County Down
Sehenswürdigkeit
Castleward House, Gärten und Mühle (National Trust) (3 km),
Tel.: 0 28 44 / 88 12 04
Veranstaltungen
Castleward Opera (Mai),
Tel.: 0 28 90 / 66 10 90
Gasthäuser und Restaurants
Cuan, Tel.: 0 28 44 / 88 12 22
Lobster Pot, Tel.: 0 28 44 / 88 12 88
Information
Portaferry, Tel.: 02 84 72 / 2 98 82

Virginia County Cavan
Veranstaltung
Virginia Street Fair & Vintage Displays (Flohmarkt und Antikes; Juni)
Übernachtungsmöglichkeiten
Lisduff House, Tel.: 0 49 85 / 4 50 54
***Park Hotel, Tel.: 0 49 85 / 4 72 35
**Sharkey's Hotel,
Tel.: 0 49 85 / 4 75 61
St. Kryan's, Tel.: 0 49 85 / 4 70 87
The White House,
Tel.: 0 49 85 / 4 75 15
Information
Cavan, Tel.: 0 49 43 / 3 19 42

LEINSTER

Ardagh County Longford
Sehenswürdigkeiten
Ardagh Heritage Centre,
Tel.: 0 43 / 7 52 77
Ardagh House and Yard,
Tel.: 0 43 / 7 50 03
Gasthaus
Midhir & Etáin, Tel.: 0 43 / 7 52 77
Information
Longford, Tel.: 0 43 / 4 65 66

Carlingford County Louth
Sehenswürdigkeiten
Carlingford Heritage Centre,
Tel.: 0 42 / 9 37 34 54
Contemporary Crafts Gallery,
Tel.: 0 42 / 9 37 30 05
Freizeitaktivitäten
Carlingford Adventure Centre,
Tel.: 0 42 / 9 37 31 00
Veranstaltungen
Annual Sheepbreeders' Show (Ende August),
Tel.: 0 42 / 9 37 31 18
Carlingford Regatta (Mitte August), Tel.: 0 42 / 9 37 37 31
Carlingford Fun Weekend (Ende August), Tel.: 0 42 / 9 37 31 18
Übernachtungsmöglichkeiten
Beaufort Guest House,
Tel.: 0 42 / 9 37 38 78
Carlingford Adventure Centre Hostel, Tel.: 0 42 / 9 37 31 00
Gahan House, Tel.: 0 42 / 9 37 36 82
**McKevitt's Village Hotel,
Tel.: 0 42 / 9 37 31 44
***View Point Hotel,
Tel.: 0 42 / 9 37 31 49
Gasthäuser und Restaurants
Carlingford Arms,
Tel.: 0 42 / 9 37 34 18
Carlingford Marina,
Tel.: 0 42 / 9 37 30 73
Georgina's Bakehouse,
Tel.: 0 42 / 9 37 37 31
Jordan's Town House & Bistro,
Tel.: 0 42 / 9 37 32 23
Magee's Bistro,
Tel.: 0 42 / 9 37 37 51
Murphy's Cottage,
Tel.: 0 42 / 9 37 37 35
Oyster Catcher Lodge,
Tel.: 042 / 9 37 39 22
Terrace Restaurant,
Tel.: 0 42 / 9 37 37 31
Information
Tel.: 0 42 / 9 66 66 66

Dalkey County Dublin
Sehenswürdigkeit
Dalkey Castle Heritage Centre,
Tel.: 01 / 2 85 83 66
Übernachtungsmöglichkeiten
***Court Hotel (3 km),
Tel.: 01 / 2 85 16 22
****Fitzpatrick's Castle Hotel (1,6 km), Tel.: 01 / 2 85 02 07
****Tudor House,
Tel.: 01 / 2 85 16 22
Gasthäuser und Restaurants
Guinea Pig, Tel.: 01 / 2 85 90 55
Laurel Tree, Tel.: 01 / 2 84 81 26
P. D.'s Wood House,
Tel.: 01 / 2 84 93 99
Queen's, Tel.: 01 / 2 85 45 69
Ragazzi, Tel.: 01 / 2 84 72 80
Il Ristorante, Tel.: 01 / 2 84 08 80
Torlua's, Tel.: 01 / 2 84 07 56
Information
Dublin, Tel.: 01 / 6 05 77 00

Enniskerry County Wicklow
Sehenswürdigkeit
Powerscourt House & Gardens,
Tel.: 01 / 20 46 00
Veranstaltungen
County Wicklow Gardens Festival (Mai–Juli), Tel.: 04 04 / 6 60 58
Übernachtungsmöglichkeiten
**Enniscree Lodge Hotel,
Tel.: 01 / 2 86 60 37
Lackan House Hostel,
Tel.: 01 / 2 86 40 36
*Powerscourt Arms Hotel,
Tel.: 01 / 2 86 35 07

Gowran (County Kilkenny).

**Summerhill House Hotel,
Tel.: 01 / 2 86 79 29
Restaurant
Curtlestown House Restaurant,
Tel.: 01 / 2 82 50 83
Information
Bray, Tel.: 01 / 2 86 71 28

Gowran County Kilkenny
Sehenswürdigkeiten
Shankill Castle & Gardens (4,8 km), Tel.: 05 03 / 22 61 45
St. Mary's Collegiate Church (den Schlüssel gibt es im Haus 4 Dover Row)
Kilfane Glen, Wasserfall & Cottage Orné (8 km), Tel.: 0 56 / 2 45 58
Veranstaltung
Gowran Park Pferderennen, jeden Monat außer Juli, November und Dezember
Information
Kilkenny, Tel.: 0 56 / 5 15 00

Graiguenamanagh
County Kilkenny
Sehenswürdigkeit
Duiske Abbey, Tel.: 05 03 / 2 42 38
Freizeitaktivität
Brandon Hill Walk (ausgewiesener Wanderweg)
Übernachtungsmöglichkeit
***Waterside Guest House,
Tel.: 05 03 / 2 42 46
Restaurant
Waterside Restaurant,
Tel.: 05 03 / 2 42 46
Information
Kilkenny, Tel.: 0 56 / 5 15 00

Kilmore Quay County Wexford
Sehenswürdigkeit
Yola Farmstead Folk Park (13 km), Tel.: 0 53 / 3 11 77
Übernachtungsmöglichkeiten
**Hotel Saltees, Tel.: 0 53 / 2 96 02
***Quay House, Tel.: 0 53 / 2 93 88
Information
Rosslare, Tel.: 0 53 / 3 32 32

Slane County Meath
Sehenswürdigkeiten
Brú na Boinne Archaeological Park & Visitor Centre,
Tel.: 0 41 / 9 88 03 05
Ledwidge Cottage Museum,
Tel.: 0 41 / 9 82 45 44
Übernachtungsmöglichkeiten
Boyne View,
Tel.: 0 41 / 9 82 41 21
Castle View House,
Tel.: 0 41 / 9 82 45 10
**Conyngham Arms,
Tel.: 0 41 / 9 82 41 55
Hillview House,
Tel.: 0 41 / 9 82 43 27
Mattock House,
Tel.: 0 41 / 9 82 45 92
Roselawn,
Tel.: 041 / 9 82 47 11
Gasthäuser und Restaurants
Boyle's Tea Rooms,
Tel.: 0 41 / 9 82 41 95
Game Keeper's Lodge,
Tel.: 0 41 / 9 82 41 55
O'Neill's Restaurant,
Tel.: 0 41 / 9 82 40 90
The Poet's Rest,
Tel.: 0 41 / 9 82 32 52
Roadrunner Restaurant,
Tel.: 0 41 / 9 82 46 66
The Village Inn,
Tel.: 0 41 / 9 82 42 30
Information
Brú na Boine, Tel.: 0 41 / 9 88 03 05

Tyrrellspass County Westmeath
Sehenswürdigkeiten
Belvedere House, Gardens & Jealous Wall, Tel.: 0 44 / 4 90 60
Tyrrellspass Castle,
Tel.: 0 44 / 2 31 05
Übernachtungsmöglichkeit
**Village Hotel, Tel.: 0 44 / 2 31 05
Restaurant
Castle Restaurant, Tel.: 0 44 / 4 86 50
Information
Mullingar, Tel.: 0 44 / 4 86 50

CONNACHT

Boyle County Roscommon
Sehenswürdigkeiten
Animal Farm Visitor Centre,
Tel.: 0 79 / 6 80 31
Boyle Abbey, Tel.: 0 79 / 6 26 04
Frybrook House, Tel.: 0 79 / 6 21 70
King House, Tel.: 0 79 / 6 32 42
Lough Key Forest Park,
Tel.: 0 79 / 6 22 12
Veranstaltung
Boyle Arts Festival (Juli–August),
Tel.: 0 79 / 6 30 85
Übernachtungsmöglichkeiten
**Forest Park, Tel.: 0 79 / 6 22 29
**Royal Hotel, Tel.: 0 79 / 6 20 16
Gasthaus
King House Coffee Shop,
Tel.: 0 79 / 6 32 42
Information
Tel.: 0 79 / 6 21 45

Inishmaan County Galway
Sehenswürdigkeiten
Dun Chonchur Fort
Synge's Cottage und 'Chair'
Übernachtungsmöglichkeit
Tigh Chonghaile, Tel.: 0 99 / 7 30 85
Gasthäuser und Restaurants
Ard Alainn, Tel.: 0 99 / 7 30 27
An Dúin Restaurant (kein Telefon)
Information
Tel.: 0 99 / 7 30 10

Newport County Mayo
Sehenswürdigkeiten
Ancestral Home of the late H. R. H. Princess Grace of Monaco (Haus der Vorfahren von Grace Kelly; 5 km)
Burrishoole Dominican Abbey (Ruine; 3 km)
Salmon Research Visitor Centre, Furnace Lake (Forschungsstation der Lachszucht; 5 km)
St. Patrick's Church
Veranstaltungen
International Handball Competition (August),
Tel.: 0 98 / 2 57 11
Newport Sea Angling Festival (August), Tel.: 0 98 / 4 12 65
Übernachtungsmöglichkeiten
An Oige Hostel, Tel.: 0 98 / 4 13 58
*Black Oak Inn, Tel.: 0 98 / 4 19 84
Bridge Inn, Tel.: 0 98 / 4 15 24
Newport House Hotel,
Tel.: 0 98 / 4 12 22
Traenlur Lodge Hostel,
Tel.: 0 98 / 4 13 58
Gasthäuser und Restaurants
Bay View Restaurant,
Tel.: 0 98 / 4 15 24

Inishmaan (County Galway).

Kelly's Kitchen, Tel.: 0 98 / 4 11 49
Information
Westport, Tel.: 0 98 / 2 57 11

Rosses Point County Sligo
Sehenswürdigkeiten
Drumcliffe Church & Visitor Centre (5 km), Tel.: 0 71 / 4 49 56
Lissadell House (11 km), Tel.: 0 71 / 6 31 50
Veranstaltungen
Drumcliffe Summer Classical Music (einzelne Termine) (5 km), Tel.: 0 71 / 4 49 56
Sligo Arts Festival (Mai–Juni) (8 km), Tel.: 0 71 / 6 98 02
Yeats International Summer School (August) (Sligo, 8 km), Tel.: 0 71 / 4 26 93
Übernachtungsmöglichkeiten
***Ballincar House Hotel, Tel.: 0 71 / 4 53 61
Bayview, Tel.: 0 71 / 6 21 48
Coral Reef, Tel.: 0 71 / 7 72 45
Kilvarnet House, Tel.: 0 71 / 7 72 02
Liscorrach, Tel.: 0 71 / 7 72 50
Oyster View, Tel.: 0 71 / 7 72 01
Philmar House, Tel.: 0 71 / 4 50 14
Sanuid, Tel.: 0 71 / 4 27 73
Sea Park House, Tel.: 0 71 / 4 55 56
Silver Seas, Tel.: 0 71 / 4 50 14
***Yeats Country Hotel, Tel.: 0 71 / 7 72 11
Restaurant
The Moorings Restaurant, Tel.: 0 71 / 8 20 69
Information
Sligo, Tel.: 0 71 / 6 12 01

Roundstone County Galway
Veranstaltungen
Connemara Four Seasons Walking Festival, Tel.: 0 95 / 2 13 79
Connemara Pony Show (August) (Clifden, 16 km), Tel.: 0 95 / 2 16 63
Übernachtungsmöglichkeiten
Eldon's Hotel, Tel.: 0 95 / 3 59 33
**Roundstone House, Tel.: 0 95 / 3 58 64
*Seal's Rock, Tel.: 0 95 / 3 58 60
Gasthäuser und Restaurants
Beola Restaurant, Tel.: 0 95 / 3 58 71
O'Dowd's Seafood Bar, Tel.: 0 95 / 3 58 09
Shamrock Restaurant, Tel.: 0 95 / 3 50 10
Information
Clifden, Tel.: 0 95 / 2 11 63

MUNSTER

Adare County Limerick
Sehenswürdigkeiten
Adare Heritage Centre, Tel.: 0 61 / 39 62 55
Augustinerabtei und Trinity Priory sowie mehrere Ruinen
Croom Mills Heritage Centre (6,4 km), Tel.: 0 61 / 39 71 30
Veranstaltung
Adare May Fair (Mai), Tel.: 0 61 / 39 68 94
Übernachtungsmöglichkeiten
*****Adare Manor, Tel.: 0 61 / 39 65 66
***Carrabawn Guest House, Tel.: 0 61 / 39 60 67
****Dunraven Arms, Tel.: 0 61 / 39 66 33
***Fitzgerald's Woodland's House Hotel, Tel.: 0 61 / 39 61 18
Gasthäuser und Restaurants
The Arches, Tel.: 0 61 / 39 62 46
The Blue Door, Tel.: 0 61 / 39 64 81
The Golden Dragon, Tel.: 0 61 / 39 63 83
The Inn Between, Tel.: 0 61 / 39 66 33
The Wild Geese, Tel.: 0 61 / 39 64 51
Information
Tel.: 0 61 / 39 62 55

Allihies County Cork
Sehenswürdigkeit
Stillgelegte Kupferminen
Veranstaltungen
Beara Arts & Allihies Theatre Festival (Juli–August), Tel.: 0 27 / 7 07 65
Übernachtungsmöglichkeiten
Sea View Guest House, Tel.: 0 27 / 7 30 04
Village Hostel, Tel.: 0 27 / 7 41 07
Information
Kenmare, Tel.: 0 64 / 4 12 33

Castletownsend County Cork
Sehenswürdigkeit
St. Barrahane's Church
Veranstaltung
Festival of Classical Music (Juli–August), Tel.: 0 28 / 3 61 93
Übernachtungsmöglichkeit
Castle Guest House, Tel.: 0 28 / 3 61 00
Information
Skibbereen, Tel.: 0 28 / 2 17 66

Dunmore East
County Waterford
Übernachtungsmöglichkeiten
**Candlelight Inn, Tel.: 0 51 / 38 32 15
**Corballymore Guest House, Tel.: 0 51 / 38 31 43
Dunmore Harbour House Hostel, Tel.: 0 51 / 38 32 18
**Haven Hotel, Tel.: 0 51 / 38 31 50
**Ocean Hotel, Tel.: 0 51 / 38 31 36
Restaurant
Strand Seafood Restaurant, Tel.: 0 51 / 38 31 74
Information
Waterford, Tel.: 0 51 / 35 83 97

Glengariff County Cork
Sehenswürdigkeiten
Glengariff Forest Park
Ilnacullin (Garinish) Island & Italian Gardens, Tel.: 0 27 / 6 30 40
Übernachtungsmöglichkeiten
**Casey's Hotel, Tel.: 0 27 / 6 30 10
**Eccles Hotel, Tel.: 0 27 / 6 30 03
Glengariff Independent Hostel, Tel.: 0 27 / 6 32 11
Golf Links Hotel, Tel.: 0 27 / 6 35 00
Murphy's Village Hostel, Tel.: 0 27 / 6 30 10
Information
Bantry, Tel.: 0 27 / 5 02 29

Holy Cross County Tipperary
Sehenswürdigkeiten
Farney Castle Visitor Centre, Tel.: 05 04 / 4 32 81

Knightstown (County Kerry).

Holy Cross Abbey,
Tel.: 05 04 / 4 32 41
Information
Nenagh, Tel.: 0 67 / 3 16 10

Kenmare County Kerry
Sehenswürdigkeiten
Kenmare Heritage Centre,
Tel.: 0 64 / 4 12 33
Kenmare Heritage Trail,
Tel.: 0 64 / 4 10 34
Veranstaltung
Walking Festivals (mehrere Termine), Tel.: 0 64 / 4 10 34
Übernachtungsmöglichkeiten
***Dromquinna Manor Hotel,
Tel.: 0 64 / 4 16 57
***Dunkerron Guest House,
Tel.: 064 / 4 11 02
Failte Hostel, Tel.: 0 64 / 4 23 33
***Foley's Shamrock Guest House,
Tel.: 0 64 / 4 13 79
***Kenmare Bay Hotel,
Tel.: 0 64 / 4 13 00
*Lake House Guest House,
Tel.: 0 64 / 8 42 05
***Lansdowne Arms Hotel,
Tel.: 0 64 / 4 13 68
*****Park Hotel, Tel.: 0 64 / 4 12 00
***Riversdale House Hotel,
Tel.: 0 64 / 4 12 99
***Rose Garden Guest House,
Tel.: 0 64 / 4 22 88
*****Sheen Falls Lodge Hotel,
Tel.: 0 64 / 4 16 00
***Shelburne Lodge Guest House,
Tel.: 0 64 / 4 10 13
*Wander Inn, Tel.: 0 64 / 4 10 38
Gasthäuser und Restaurants
Cafe Indigo, Tel.: 0 64 / 4 23 57
Lime Tree, Tel.: 0 64 / 4 12 25
Old Bank House, Tel.: 0 64 / 4 15 89
Packies, Tel.: 0 64 / 4 15 08
Purple Heather, Tel.: 0 64 / 4 10 16
Information
Tel.: 0 64 / 4 12 33

Kilfenora County Clare
Sehenswürdigkeiten
The Burren Display Centre,
Tel.: 0 65 / 7 08 80 30
Zahlreiche Monumente in der Umgebung
Information
Ennis, Tel.: 0 65 / 6 82 83 66

Killaloe County Clare
Sehenswürdigkeit
Kathedrale St. Flannan
Veranstaltungen
Killaloe Chamber Music Festival (Juli), Tel.: 0 61 / 20 26 20
European Pike Angling Challenge (Angelwettbewerb; September),
Tel.: 0 61 / 45 38 08
Übernachtungsmöglichkeiten
***Kincora Hall Hotel,
Tel.: 0 61 / 37 60 00
***Lakeside Hotel,
Tel.: 0 61 / 37 61 22
***Lantern House,
Tel.: 0 61 / 92 30 34
****Tianarana Guest House,
Tel.: 0 61 / 37 69 66
***Waterman's Lodge,
Tel.: 0 61 / 37 63 33
Gasthäuser und Restaurants
Dalcassin, Tel.: 0 61 / 37 67 62
Galloping Hogan,
Tel.: 0 61 / 37 61 62
Gooser's, Tel.: 061 / 37 67 91
Irish Molly's, Tel.: 0 61 / 37 66 32
Simply Delicious, Tel.: 0 61 / 37 53 35
Information
Tel.: 0 61 / 37 68 66

Knightstown County Kerry
Sehenswürdigkeiten
Skellig Experience Heritage Centre (5 km), Tel.: 0 66 / 9 47 63 06
Valentia Island Heritage Centre,
Tel.: 0 66 / 9 47 64 11
Übernachtungsmöglichkeit
An Oige, Tel.: 0 66 / 9 47 61 41
Restaurant
Boston's, Tel.: 0 66 / 9 47 61 40
Information
Cahirciveen, Tel.: 0 66 / 9 47 25 89

Lismore County Waterford
Sehenswürdigkeiten
Kathedrale St. Carthage,
Tel.: 0 58 / 5 41 37
Lismore Castle Gardens,
Tel.: 0 58 / 5 44 44
Lismore Heritage Centre,
Tel.: 0 58 / 5 30 09
Übernachtungsmöglichkeiten
*Ballyrafter House,
Tel.: 0 58 / 5 40 02
Lismore Hotel, Tel.: 0 58 / 5 45 55
Information
Tel.: 0 58 / 5 49 75

Rosscarbery County Cork
Sehenswürdigkeit
Kathedrale St. Fachtna,
Tel.: 0 23 / 4 81 66
Veranstaltungen
Carbery Agricultural Show (Mitte Juli) (Skibbereen, 19 km),
Tel.: 0 28 / 3 82 70
Übernachtungsmöglichkeiten
***Celtic Ross Hotel,
Tel.: 0 23 / 4 81 04
*Owenahincha Hotel,
Tel.: 0 23 / 4 87 22
Information
Clonakilty, Tel.: 0 23 / 3 32 26

ATLANTISCHER OZEAN
IRISCHE SEE
St. GEORGS-KANAL
KELTISCHE SEE
Ulster
Connacht
Leinster
Munster
DONEGAL
LONDONDERRY
ANTRIM
TYRONE
FERMANAGH
DOWN
ARMAGH
MONAGHAN
CAVAN
LEITRIM
SLIGO
MAYO
ROSCOMMON
LONGFORD
WESTMEATH
MEATH
LOUTH
DUBLIN
GALWAY
OFFALY
KILDARE
LAOIS
WICKLOW
CARLOW
KILKENNY
WEXFORD
CLARE
LIMERICK
TIPPERARY
WATERFORD
KERRY
CORK
Rathmelton
Cushendall
Plumbridge
Moneymore
Lough Neagh
Belfast
Belleek
Lough Erne
Loughgall
Portaferry
Strangford
Rosses Point
Glaslough
Mourne Mountains
Carlingford
Boyle
Newport
Virginia
Slane
Newgrange
Ardagh
Tyrrellspass
Roundstone
Liffey
Dublin
Dalkey
Galway Bay
Aran Islands
Inishmaan
Enniskerry
Glendalough
Kilfenora
Killaloe
Shannon
Holy Cross
Adare
Gowran
Shannon Estuary
Graiguenamanagh
Lismore
Lee
Dunmore East
Kilmore Quay
Dingle Bay
Valentia Island
Knightstown
Kenmare
Cork
Kenmare River
Glengariff
Allihies
Bantry Bay
Rosscarbery
Castletownsend
1
80 km

Literaturhinweise

Belletristik

Behan, Brendan: *Borstal Boy.* Kiepenheuer & Witsch, Köln 1996.

Binchy, Maeve: *Echo vergangener Tage.* Droemer Knaur, München 1999.

Dies.: *Irische Freundschaften.* Droemer Knaur, München 1999.

Dies.: *Ein Haus in Irland.* Droemer Knaur, München 2000.

Dies.: *Rückkehr nach Irland.* Droemer Knaur, München 2000.

Dies.: *Die irische Signora.* Droemer Knaur, München 1999.

Coyle, Robert: *Herbst in Dublin.* Bastei-Lübbe, Bergisch-Gladbach 1999.

Doyle, Roddy: *Paddy Clarke Ha Ha Ha.* Fischer, Frankfurt/M. 1996.

Flanagan, Thomas: *Pächter der Zeit.* Kabel, Hamburg 1993.

Ders.: *Ein Traum von Freiheit. Der große Irland-Roman.* Kabel, Hamburg 1996.

Giordano, Ralph: *Mein irisches Tagebuch.* Kiepenheuer & Witsch, Köln 1997.

Heaney, Seamus: *Ausgewählte Gedichte.* Hanser, München 1995.

Ders.: *Norden.* Hanser, München 1996.

Ders.: *Die Wasserwaage.* Hanser, München 1998.

Hetmann, Frederik (Hg.): *Die schönsten Märchen und Sagen aus Irland.* Fischer, Frankfurt/M. 1996.

Joyce, James: *Dubliner.* Fischer, Frankfurt/M. 2000.

Ders.: *Ulysses.* Suhrkamp, Frankfurt/M. 1996.

Macken, Walter: *Cahal.* Lamuv, Göttingen 1996.

Ders.: *Hör auf die Stimme der See.* Lamuv, Göttingen 1999.

MacLaverty, Bernard: *Cal.* Diogenes, Zürich 1984.

McCourt, Frank: *Die Asche meiner Mutter. Irische Erinnerungen.* Goldmann, München 1998.

Ders.: *Ein rundherum tolles Land. Erinnerungen.* Luchterhand, München 1999.

McLiam Wilson, Robert: *Eureka Street, Belfast.* Fischer, Frankfurt/M. 1997.

O'Connor, Frank: *Irische Kindheit. Liebenswerte Erzählungen von der grünen Insel.* Herder, Freiburg i. Br. 1993.

O'Flaherty, Liam: *Meistererzählungen.* Diogenes, Zürich 1993.

Purcell, Deirdre: *Flammen der Erinnerung.* Goldmann, München 1998.

Dies.: *Heimkehr nach Béara.* Goldmann, München 1997.

Dies.: *Tränen aus Stein.* Blanvalet, München 1998.

Dies.: *Nur ein kleiner Traum.* Blanvalet, München 2000.

Schnack, Elisabeth (Hg.): *Liebesgeschichten aus Irland. Von G.B. Shaw bis Frank O'Connor.* Diogenes, Zürich 1997.

Taylor, Alice: *Innishannon. Irisches Dorfleben.* Lamuv, Göttingen 1997.

Dies.: *Die Frauen von Mossgrove.* Lamuv, Göttingen 1999.

Dies.: *So wird es nie mehr sein. Eine irische Jugend.* Lamuv, Göttingen 1995.

Dies.: *Zur Schule durch die Felder. Eine irische Kindheit.* Lamuv, Göttingen 1996.

Dies.: *Irische Weihnachten.* Lamuv, Göttingen 1997.

Thackeray, William Makepeace: *Die Geschichte des Henry Esmond.* Bastei-Lübbe, Bergisch-Gladbach 1995.

Uris, Leon: *Trinity. Irische Passion.* Heyne, München 2000.

Yeats, William Butler: *Die geheime Rose.* Suhrkamp, Frankfurt/M. 1971.

Land und Leute

Adams, Gerry: *Cage Eleven – Erinnerung an Long Kesh.* Ars Vivendi, Cadolzburg 1995.

Ders.: *Bevor es Tag wird. Autobiographie.* Volk & Welt, Berlin 1996.

Collins, Eamon/McGovern, Mick: *Blinder Haß. Autobiographie eines irischen Terroristen.* Fischer, Frankfurt/M. 1997.

Elvert, Jürgen: *Geschichte Irlands.* dtv, München 1999.

Hippe, Hannelore: *Irische Gespräche. Ein Tagebuch über Land und Leute.* Häusser, Darmstadt 1996.

Maurer, Michael: *Kleine Geschichte Irlands.* Reclam, Stuttgart 1998.

O'Brien, Flann: *Irischer Lebenslauf. Eine arge Geschichte vom harten Leben.* Suhrkamp, Frankfurt/M. 1996.

O'Crohan, Tomás: *Die Boote fahren nicht mehr aus. Bericht eines irischen Fischers.* Lamuv, Göttingen 1992.

O'Sullivan, Maurice: *Das Meer ist voll der schönsten Dinge. Eine irische Lebensgeschichte.* Lamuv, Göttingen 2000.

Ruthven, Ianthe: *Irische Land- und Herrenhäuser.* Gerstenberg, Hildesheim 1999.

Sayers, Peig: *So irisch wie ich. Eine Fischersfrau erzählt ihr Leben.* Lamuv, Göttingen 1996.

Schreiber, Hermann: *Irland. Seine Geschichte – Seine Menschen.* Katz, Gernsbach 1997.

Reisebeschreibungen & Reisebücher

Bartsch, Volker (Hg.): *Irland. Ein Reise-Lesebuch.* Ellert & Richter, Hamburg 1985.

Böll, Heinrich: *Irisches Tagebuch.* dtv, München 1992.

Botheroyd, Sylvia: *Irland – Mythologie in der Landschaft. Ein Reise- und Lesebuch.* Häusser, Darmstadt 1997.

O'Brien, Eoin: *The Beckett Country. Samuel Becketts Irland.* Suhrkamp, Frankfurt/M. 1997.

Oehlke, Andreas (Hg.): *Fahrten zur Smaragdinsel. Irland in deutschen Reisebeschreibungen des 19. Jahrhunderts.* Edition Peperkorn, Göttingen 1993.

Oeser, Hans-Christian: *Treffpunkt Irland. Ein literarischer Reiseführer.* Reclam, Stuttgart 1996.

Rathjen, Friedhelm: *Irische Reise.* Lamuv, Göttingen 1999.

Reiseführer

Becker, Herbert: *Irland.* Polyglott, München 2000.

Elvert, Jürgen: *Irland auf eigene Faust. Reise-Handbuch mit Nordirland.* Stein, Kiel 1991.

Hofmann, Tessa: *Irland.* Edition Temmen, Bremen 1998.

Irlinger, Bernhard: *Wanderwege in Irland. 41 Touren zwischen Wicklow, Cork und Kerry, Galway und Donegal.* Bruckmann, München 1998.

Kettler, Wolfgang: *Irland per Rad. Ein Fahrrad-Reiseführer.* Kettler, Neuenhagen 1999.

Korte, Sabine/Weigold, Matthias: *Irland. Begegnungen mit Ruinen, Sagen und Erdgeistern.* Goldmann, München 1992.

Kuballa, Wolfgang: *Republik Irland und Nordirland. Richtig Reisen: Irland.* DuMont, Köln 1992.

Marsden, Simon/McLaren, Duncan: *Geheimnisvolles Irland. Ruinen, Abteien, Schlösser, Herrenhäuser.* Eulen, Freiburg i. Br. 1996.

Oeser, Hans-Christian (u. a.): *Dublin Reiseführer. Stadt und Kultur.* Häusser, Darmstadt 1994.

Semsek, Hans-Günter: *Irland-Handbuch. Reisehandbuch für das Land des Regenbogens. Mit Nordirland.* Rump, Bielefeld-Brackwede 1997.

Sotscheck, Ralf: *Gebrauchsanweisung für Irland.* Piper, München 1996.

Strasdat, Werner: *Dublin Stadtführer.* Edition Aragon, Moers 1996.

Tschirner, Susanne: *Dublin und Umgebung.* DuMont, Köln 1999.

Wagner, Margit: *Irland. Ein Reisebegleiter.* dtv, München 1999.